Let's make it happen with
your own colours

愛される色

オトナ世代の
色えらび

Nanae Aki
七江亜紀

講談社

似合う色は
大きくわけると2タイプ

〈タイプ診断は12ページと53ページを参照〉

クールタイプ

涼しげな感じの寒色系で、青みの強い色や、プラチナアクセサリーが似合う人

ウォームタイプ

温かみのある暖色系で、黄みの強い色や、ゴールドアクセサリーが似合う人

4つにわけると春夏秋冬

同じ色でもタイプ別に見ると、
こんなに違います。
〈タイプ診断は12ページと53ページを参照〉

ピンク

春	夏	秋	冬
ウォーム	クール	ウォーム	クール

コーラルピンクなど	青みのあるピンクなど	サーモンピンクなど	フューシャピンクなど

レッド

春	夏	秋	冬
ウォーム	クール	ウォーム	クール

黄みを帯びた鮮やかな赤など	青みのある柔らかな赤など	完熟トマトのような深い赤など	ワインレッドなど

イエロー

春	夏	秋	冬
ウォーム	クール	ウォーム	クール

スイセンのように明るいイエローなど	青みを帯びた薄いイエローなど	マスタードイエローなど	青みを帯びたレモンイエローなど

グリーン

春	夏	秋	冬
ウォーム	クール	ウォーム	クール

アップルグリーンなど	パステルグリーン、ミントグリーン、など	オリーブグリーンなど	アイスグリーン、鮮やかなエメラルドグリーンなど

ブルー

春	夏	秋	冬
ウォーム	クール	ウォーム	クール

アクアブルーなど	パウダーブルーなど	深みのあるターコイズブルーなど	ロイヤルブルーなど

春タイプ

カラーパレット

Spring

夏タイプ

カラーパレット

Summer

秋タイプ

カラーパレット

Autumn

冬タイプ

カラーパレット

Winter

あなたの色タイプがわかるセルフ診断

左の診断シートをミシン目に沿ってはさみで切り取ります。診断方法は「手の甲」と「顔」の２通り。ピンクかグリーン、お好きな色で診断してください。

診断1 手の甲でおこなう方法

（詳しくは54ページ参照）

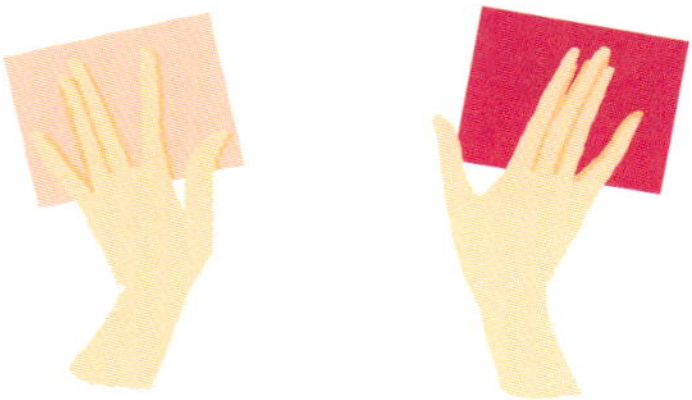

ピンク（A.B.C.D）で診断する場合は、A（春）とD（冬）のシートをテーブルに置き、その上に左右の手を置く。肌の色がきれいに見えるほうを残す。次に、A（春）のシートだった人はA（春）とC（秋）のシートに、D（冬）のシートだった人はD（冬）とB（夏）のシートに、それぞれ手を置いてみる。肌がきれいに見えるのはどちらですか？ 最後に残った1つが、似合う色タイプ。（グリーン（E.F.G.H）は54ページ参照）

診断2 顔でおこなう方法

（詳しくは56ページ参照）

診断1と同じ要領。

A. 春

E. 春

B. 夏

F. 夏

C. 秋

G. 秋

D. 冬

H. 冬

はじめに

「似合う色」を知らないままで、お買いものを続けますか？

「服はたくさんあるのに、着る服がない……」

大人世代の女性からよく聞こえてくる、ちょっと矛盾したこの悩み。

冷静に考えてみると、おかしなことですよね。


ではなぜ、服はたくさんあるのに、着ていく服がないのでしょう？

それは、**間違った色をたくさん買ってしまっているから。**


間違った色というのは、つまり、あなたに「似合わない色」。

あなたの輝きを一瞬で奪う色。

その服は、あなたをきれいに見せてくれる色ではないから、また着ようと思わないのです。

「ズレた色」をえらびつづけているから、おしゃれがキマらない。

だから、出かける前に悩んでしまうのです。

さらに、**年齢を重ねていくと、色のズレ幅というものは、どんどん広がっていきます。**数年前に買った似合う色の服を着ても、少しやつれて見えたり、「今日、疲れている？」と、声をかけられてしまったり。

それこそが、大人世代がもっとも陥りやすいパターン。

今回、こういった大人世代の色の落とし穴を知ってほしいと思い、この本を書こうと決めました。

私は30代のころ、〝自分に似合う色の見つけ方〟の基本を、はじめての著書『働く女性のための色とスタイル教室～幸せを呼ぶ外見のつくり方～』（講談社）で解説させていただきました。

あれから7年が経ち、私なりに年を重ね40代に。

自分自身が今の年齢になって気づいたことは、今までのパーソナルカラーのままでは通用しなくなってきたということ。

そして、**「大人には、大人が輝く色がある」**ということ。

それは、お客様との長いお付き合いの中でも、実感したことです。

その「大人世代のパーソナルカラー」を、同じ世代の方をはじめ、多くの方に、お伝えしたいと思ったのです。


ここでみなさんに伺いたいのは、**「似合う色を知らないいままで、お買いものを続けますか？」**ということです。


半年ほど前、40代のお客様Aさんから、「仕事でも使える、上質なトートバッグが欲しいので、一緒にえらんでほしい」とご依頼されたときのことです。

購入予算は35万円。お買いもの同行は、私の仕事のひとつでもあります。

Aさんが向かったのは、有名な高級ブランド店。

まず黒いバッグを手にとられ、「無難な黒にしようかな……」とおっしゃいました。ちなみに黒は、「春タイプ」（58ページで説明）のAさんにとって苦手な色。

そこで私は、「特定のブランドにこだわらなくても、『似合う色』で探せば、毎日使いたくなるバッグに出会えますよ」とお伝えし、有名無名問わず、何軒かの店を一緒に回りました。しばらくすると、Aさんがより美しく見える、鮮やかな色のトートバッグに出会うことができたのです。

予算を大幅に下回った15万円のバッグでしたが、たぶん35万円の黒いバッグをえらんでいたら、それはやがてAさんにとってはしっくりこなくて、クローゼットの奥にしまわれる運命だったでしょう。

Aさんの場合、ブランド名にこだわらず「似合う色」を基準にえらんだことで、毎日使いたくなるバッグに出会い、さらに20万円のムダづかいも回避することができました。

「似合う色」の魅力を一言で表すと、一瞬で、印象が良くなるということ。肌は健康的でつややかになり、存在まで輝いてくる。

だからこそ、大人世代は、もっと「色のチカラ」を借りていい。

黒や白、グレーといった無彩色は、似合えばそれでいいのですが、世の中には、もっとたくさんの、美しい色があふれています。

その中に、あなたをより美しく見せる「色」は、たくさんあるのです。

この本で、その色を見つけに行きましょう。

「似合う色」がわかれば人生が彩られます。

その幸福感を、あなたにも贈りたいと思います。

愛される色　オトナ世代の色えらび

Contents

Chapter 1 似合う色、似合わない色とは？

Chapter 2 大人世代が注意する色・取り入れる色

Chapter 3
もっと色を味方につけるために

Chapter 4
もっと色がうまくなるQ&A

Prologue

大人は「色」で服をえらびなさい

「似合う色」は、肌、髪、瞳を一瞬で輝かせる！

洋服やバッグ、靴などを購入する際、うっかり「似合う色」の存在を忘れてしまっている方が、実に多いと感じています。

若い世代なら、「似合わない色」をえらんでしまい、多少ズレが生じても、ハリのある肌やすっきりとした体型が、そのズレをカバーしてくれるでしょう。しかし、私たち大人世代にとっての色のズレは、悲しいほどマイナス効果が働きます。肌、髪、瞳が一瞬でくすみ、ハリ、ツヤがなくなります。

さらに、シミ、目の下のクマ、血管、シワが悪目立ちします。

10年来の仕事仲間で、私のパーソナルカラー診断も受けていらっしゃるのに、たまに似合う色を忘れて、ブレてしまう方がいます。

その方は、あたたかみのある落ち着いた色が似合う、40代の「秋タイプ」

（66ページで説明）の方です。

あるとき、打ち合わせに現れたその方は、どこか具合が悪そうで、いつもより、すこし顔色が暗く見えたのです。でもそれは単に、苦手な「真っ白」のトップスを着ていたせいで、マイナスの印象に見えてしまっていただけでした。

話を聞くと、

「今日はパンツの色が濃い茶色なので、トップスはぱっと明るい色を合わせなくてはいけないと思って……」

とおっしゃるのです。

さらに、

「白をおしゃれに着こなしている人を街で見かけたから、買ってしまったのかもしれない」

とも。白は白でも、ズレた「白」をえらんでしまったのです。

ちゃんとパーソナルカラーを知っていても、こういったことが起きてしまうのです。漂白したような「真っ白」が似合う人は限られています。

この場合、あたたかみのある色が似合う「秋タイプ」の人は、同じ白でも真っ白より、アイボリーなどを合わせれば、顔色も良く見えて素敵に着こなせるのに。

私はこれまで約3万人のお客様の色のコンサルティングをしてきましたが、診断を受けたことがあっても、ズレた色をえらんでしまったり、再び迷いだす方もたまにいらっしゃるのです。

そういった方のためにも、「どうしたら似合う色えらびを正しく継続できるのか」ということを日々考え、研究しています。

では、なぜ、パーソナルカラーを知っているのに、似合わない色をえらんでしまうのでしょうか？

それは、**色のチカラをまだ信じていないからではないでしょうか。**

「似合う色」をえらぶと、肌、髪、瞳が一瞬でパッと輝き、つややかに見えます。さらに、シミ、目の下のクマ、血管、シワが目立たなくなります。その幸福感を忘れてしまうから、もとに戻ってしまうのでしょう。

似合う色と出会うと、人生が変わるほどに見た目が変わることを、もっと実感しましょう。その幸せを何度も味わうことで、色を信じられるようになるのです。

また、**色えらびがついつい揺らいでしまうのは、仕掛けられた流行にとらわれてしまっているからかもしれません。**

やはりファッションは、トレンドとは切り離せないものですが、そのトレンドに流されてしまっては、大人ならではの自分らしいおしゃれは、いつまでたっても確立できません。

自分に似合う色を軸に買い足していけば、何がトレンドになっても、失敗するようなこともなくなります。

「似合う色」を知る前の2つのポイント

大人こそ、取り入れるべき、自分に似合う色。
その色を知る前に、継続させるための心構えや、ちょっとした心の習慣も必要です。

「色」を味方にするために、大人世代が見直すべきこと。
それは、次の2つのポイントになります。

ポイント1　外見を観察する

まず、自分自身を知ることから始めましょう。
方法は、とても簡単です。

「鏡を見ること」

まずは、鏡を見て、しっかり観察してください。

そして、**髪、肌、顔、手、足、お腹、お尻など、身体のパーツの特徴を、具体的に言葉にしてみましょう。**

より客観的にとらえるには、写真に撮って、特徴を書き出してみるとわかりやすいです。

何かを成し遂げたいというときは、まずは土台を見直すことが不可欠。今現在の等身大の自分をじっくりと見つめ直してください。

この「自分」が今、どういう状態なのかを知ることが、何よりも大事です。

現実から目を背けていては、何も変えることはできません。目をそらさずに、自分と向き合ってみましょう。

ポイント2 「私はどうなりたいか」を考える

私は20年以上、その人に合う色やスタイルを、生まれ持った色素や骨格を通して診断してきましたが、経験を積めば積むほど、その人らしさを表す色＝「自分色」というのは、単純なものではないと感じるようになりました。

そして、人が色をえらぶときは、どういったことが影響しているかをより深く研究するようになったのです。

さらにキャリアで活躍したいのか、主婦として輝きたいのかなど、お客様の人生のステージに合わせて、トータルで考え、ご提案するようになりました。

その結果、わかったことがあります。

それは、「自分色」というのは、3つの色で構成することができるということです。

3つの色とは、次の通りです。

＊似合う色（パーソナルカラー）
＊好きな色（心の色）
＊戦略カラー

「似合う色」とは、肌なじみのいい色、「なじみ色」とも言い換えられます。

その人が生まれ持った肌の色、髪の色、瞳の色といった色素と相性のいい色のことで、春夏秋冬の4シーズンなどのパーソナルカラー診断はこれを基におこなっていきます。

私たちのベースの色は、よほどのことがない限り、大きく変わることはないので、似合う色も基本的には変わることはないといわれています。

そして、**「好きな色」とは、心の求める色とでもいいましょうか。みなさんの思っていること、そのままの気持ちでえらぶ色です。**

「似合う色」を〝外の色〟とすれば、〝内の色〟は、「好きな色」となります。

つまり、心の色です。

言葉を換えれば、〝自分らしさ〟ともいえます。

心から落ち着ける色で、自分が良し悪しを決められる色を指します。

なので、気分によって変化する、変動する色です。

最後の**「戦略カラー」は、自分が理想とする姿、目指したい姿、こう見られたいといった状態を表しているもの**です。

似合う、なじむ、好き、嫌いといったものではなく、生きていくうえで必要な社会的な色ということになります。

自分の軸をキープするためのテーマカラーといったようなものです。

この3つの色を自分なりに理解して、バランスよく保っていくことで、自分の中に「自分色」を根付かせることができるのではないでしょうか。

自分の軸となるもののベースが、「自分色」なのです。

つまりは、自分の似合う色はもちろん、自分の心の色も、自分の外見も、すべて受け入れたうえで、目指すべき自分らしさを描く。

53ページのセルフ診断の前に、自分と向き合ってみましょう。

地味な色ばかりに固執しないこと

診断を始める前に、もう一つ、大切なことがあります。

「大人だから、ピンクのような派手な色はダメ」

「仕事には、明るい色は着ていけない」

あなたは、そんな思い込みにとらわれていませんか？

だとしたら、そういった考えは、今すぐ捨ててください。


いったい、こういった固定観念は、誰が決めたというのでしょうか？

大人になっても、ピンクや赤やイエローはいくらだって着てもいいのです。

恋愛したり、アイドルに胸をときめかせたりと、キュンキュンするような気持ちだって、ずっと持っていていいはずです。

つまり、言いたいことは、「決めつけないこと」。

「だって」とか「でも」と、すぐに言い訳しないこと。

ファッションは命に影響するものではありません。とある色を着ると命がなくなる……という話ではないはずです。であれば、試す前から諦めないでほしいのです。


こういった「決めつけ」は、自分がえらぶ色にも表れているのです。

古臭い先入観でえらんでいる、思い込みの色。

そんな色は、あなたを輝かせてくれません。

「大人だから」と、地味な色にばかり固執して、変に我慢することも、よくあります。

もっと、決めつけることなく、自由に、柔軟に、楽しく、「色」を取り入れてみませんか？


「色」の練習は、未来の自分がおしゃれを楽しむためのものでもあります。

街で見かけるおしゃれなマダムは、鮮やかな色をうまく着こなし、赤い口紅も堂々とつけていませんか？

あの「こなれ感」は、長年にわたり「色」の練習を重ねてきた結果だと思うのです。

Chapter 1

似合う色、似合わない色とは?

「似合う色」のプラス効果、マイナス効果

人には誰でも、その人を輝かせてくれる、「似合う色」があります。

それは、その人の肌の色、髪の色、瞳の色と「なじむ色」のこと。

つまり、自分という〝素材〟が生まれ持っている色素と相性のいい色のことです。

その色の服をまとえば、肌や輪郭が美しく際立ち、まるでオーラを放つように、明るく輝いてくる。自分にしっくりなじんで、一瞬にして、その個性を際立たせて、素敵に見せてくれるわけです。

また、若々しく、活き活きと見せてくれる色でもあり、表情はもちろん、心だって明るくしてくれて、あなたの人生を変えてくれるほど。

ですから、すでにパーソナルカラー診断を受けたことのある人や、私の本を読んで知っているという人も、ぜひとも一緒に、もう一度おさらいしてみまし

ょう。

自分自身を見つめ直して、「似合う色」を知れば、きっと、誰でも、もう一度輝くことができるはずです。

こわいことに、自分になじまない「似合わない色」を着ていると、肌がくすんで見えて、ほうれい線やシミ、たるみが目立ち、太って見えることがあります。

「似合わない色」は、気が付かないうちに、あなたの魅力を消して、何歳も老けた見た目にしてしまっているのです。

見た目の自信をなくしてしまうことで、メンタルな部分にも響き、人間関係にまで悪影響が出てしまう恐れがあります。

でも、「似合う色」をまとえば、肌にツヤ感が出て、明るく若々しい印象に見せることができます。

こういった「色」の効果によって、人生が見違えるほど変わったという人は、たくさんいます。

私のお客様で、体調不良で悩まれている方がいらっしゃいました。いつもイライラしてしまって、家族ともケンカばかり。気晴らしに買い物に出れば、似合わない服や同じようなものばかり買ってしまう失敗を繰り返したり……。

「もしかしてホルモンバランスが崩れているのかも？」と感じながらも、その現実を受け入れるのがこわくて、逃げてしまっていたといいます。

でも、やっとそのことを受け入れるようになり、自分を「変えよう」と決心し、私のサロンに来てくださいました。

人は、少しうつ状態のときは、自然界の色、癒やしをもたらしてくれるグリーンをえらぶといわれています。その女性も、カーキやモスグリーンをよく買っているそうで、初対面のときも、深みのある緑のワンピースをおめしになられていました。

しかし、残念ながら、カーキやモスグリーンといったあたたかみのある色みは、彼女にはあまり似合わない色。

彼女は「クールタイプ」(1ページ参照)といって、寒色系の色が似合う人。グリーンならエメラルドグリーンなど、青みのある寒色系をえらぶように、おすすめしたのです。

すると、驚くほど肌ツヤもよく見えるようになり、またたく間に本人の心持ちまで明るくなっていったのです。心身ともに、見違えるほど変わっていきました。

自分になじむ、似合う色を身に着けることで、自分の見た目に自信を持つことができて、心まで変わってくる。色の与える効果は、心理面にも大きく働くのです。

「似合う色のプラス効果」と「似合わない色のマイナス効果」は、次の通りです。

似合う色のプラス効果

＊肌、髪、瞳が一瞬でパッと明るくなり、艶やかに見える
＊シミ、目の下のクマ、血管、シワが目立たなくなる
＊フェイスライン、ボディラインがすっきり見える
＊5歳以上若返って見える
＊健康的な印象を与える
＊センスのいい人に見える
＊清潔、上品、誠実に見える
＊気分が落ち着く、気持ちがオープンになる、自信がつく
＊周囲を心地よく和ませ、人を引き寄せる

似合わない色のマイナス効果

- ＊肌、髪、瞳が一瞬でくすみ、ハリ、ツヤがなくなる
- ＊シミ、目の下のクマ、血管、シワが悪目立ちする
- ＊フェイスライン、ボディラインがぼんやりして見える
- ＊年齢よりも老けて見える
- ＊太って見える
- ＊野暮ったく見える
- ＊不潔、下品、信用できない人に見える
- ＊落ち着かない、自信がないように見える
- ＊場の雰囲気を悪くする、人を寄せ付けない

「似合う色」とは何か？

ここでは、「パーソナルカラー」についてご説明します。

すでにサロンなどでパーソナルカラー診断を受けたり、本を読んだりして、似合う色について知っている方でも、おさらいするように、ぜひ初心に帰って読んでみてください。新しい発見があるかもしれません。


あなたに似合う色、といわれてもピンとこないという人も多いかもしれません。ショッピングのとき店の鏡を見て、似合うか似合わないか判断しようとしても、よくわからないこともあるでしょう。

「似合う色」というのは、その人の肌にのせたときに、違和感がなく、しっくりなじむ色。

判断できないという人は、世の中にあるいろんな色を見て、目で覚えることが大事です。それは洋服だけでなく、花、景色、写真集などでも結構です。必ず誰にでも、その人に似合う色があるので、それは辛抱強く試していくしか方法はありません。

その人が生まれ持った肌の色、髪の色、瞳の色といった色素。その色に合う色こそが、「似合う色」。

この生まれ持った色というのは、変えたくても変えることができません。血液型がA型の人が、O型がいいから変えたい！ と言ってもできないように、私たちの色素も、生まれてから死ぬまで、変えることはできないのです。

このことを心得て、受け入れることができると、自分に似合う色について、より深く愛せるようになってくるのではないでしょうか。

タイプは4つにわけると「春夏秋冬」

では、あなたにとっての「似合う色」とはどんな色なのか？

自分に似合う色を知る方法はいくつかありますが、一般的なのは、「4シーズン」にわける、パーソナルカラー診断です。

全部で4つの色タイプにわけて、それぞれを春、夏、秋、冬と季節の名前で呼んでいます。これらのタイプによって、同じ色でも、トーンが違ってきます（2・3ページ参照）。

この4シーズンの分類は、自分の肌、髪、瞳の色など、生まれ持った色素によってわけるので、基本的には一生変わることはありません。

また、ひとつのタイプでなく、複数のタイプにまたがっている人も大勢います。ですから、診断するときは、あまり厳密に決めようとせず、あくまで傾向をチェックするような感覚で臨んでください。

似合う色の見つけ方(セルフ診断)

ではここで、自分に似合う色タイプの見つけ方をご紹介します。

プロのパーソナルカラーコンサルタントの診断を受けなくても、自分で簡単にできるセルフ診断です。13~16ページの診断シートを使います。診断方法は2通り。手の甲でおこなう簡易診断と、顔でおこなう簡易診断です。また、ピンク色でおこなうパターンと、グリーンでおこなうパターン、どちらか好きな色をえらんでください。両方で診断してもよいでしょう。

手の甲で診断するときは、指輪ははずし、ネイルは落としている状態がベスト。顔で診断するときは、必ずノーメイクの状態で。体調のいいときにおこなってください。また、イヤリング、ピアス、眼鏡などの装飾品はすべてはずしてください。

まずは、ミシン目に沿ってはさみで切り取って、準備をしてください。

13～16ページの「ピンク」か「グリーン」、どちらかお好きな色でおこないましょう。

診断1　手の甲でおこなう方法

①天気がいい日に、自然光が入る部屋でおこなうのがベスト。蛍光灯や白熱灯の照明は色が変わって見えるのでつけないように。

②ピンクでおこなう場合は、A（春）とD（冬）のシートをテーブルに置き、その上に左右の手をそれぞれ置きます（グリーンの場合はE〈春〉とH〈冬〉）。

③肌の色がきれいに見えるのはどちらですか？

判断の基準

＊肌のシミ、くすみ、シワが目立たない

＊肌色が明るく健康的に見える
＊血管や筋が目立たない
＊ラインがすっきり見える
＊爪がツヤツヤに見える
＊指が細く見える

④次に、Ａ〈春〉のシートだった人はＣ〈秋〉のシートに〈グリーンの場合はＥ〈春〉とＧ〈秋〉〉、Ｄ〈冬〉のシートだった人はＢ〈夏〉のシートを〈グリーンの場合はＨ〈冬〉とＦ〈夏〉〉、それぞれ手を置いてみる。肌がきれいに見えるのはどちらですか？
ピンク、グリーンのいずれも、最後に残った1つが、あなたに似合う色タイプとなります。両方の色でおこなってもよいでしょう。

診断2　顔でおこなう方法

①天気がいい日に、自然光が入る部屋でおこなうのがベスト。蛍光灯やLEDの照明は色が変わって見えるのでつけないように。

②上半身が映る大きな鏡の前で、デコルテの開いた白い服を着ておこないます。

③ピンクでおこなう場合は、鏡の前で、A（春）とD（冬）のシートを左右の手に持って、同時に頬に近づける（グリーンの場合はE〈春〉とH〈冬〉）。

④肌、髪、瞳など、顔まわりの色がきれいに見えるのはどちらですか？

判断の基準

＊肌のシミ、くすみ、シワが目立たない

＊肌色が明るく健康的に見える

＊小顔に見える
＊ほうれい線が目立たなくなる
＊目の下のクマが目立たない
＊フェイスラインがすっきり見える
＊瞳が輝いて見える
＊髪がツヤツヤに見える

⑤次に、A〈春〉のシートだった人はC〈秋〉のシートに〈グリーンの場合はE〈春〉とG〈秋〉〉、D〈冬〉のシートだった人はB〈夏〉のシートに〈グリーンの場合はH〈冬〉とF〈夏〉〉、それぞれ左右の手に持って頬に近づけてみる。顔まわりがきれいに見えるのはどちらですか?

ピンク、グリーンのいずれも、最後に残った1つが、あなたに似合う色タイプとなります。両方の色でおこなってもよいでしょう。

春タイプとは?

春タイプの人は、太陽の下が似合うような、明るく、親しみやすく、元気で、キラキラした印象。いくつになっても可愛らしいのが特徴です。

〈春タイプの人の特徴〉

春タイプの人は、どれも黄色がベースで、どこかあたたかみを感じる、明るめの暖色系の色が似合います。

春の陽射しや、華やかに咲き揃うお花畑をイメージさせる、キラキラと輝くブライトな色を身につけると、好印象を与えます。

・肌…イエローベージュ、ブライトベージュ。明るいオークル系で血色がよい
・髪…ツヤを感じる色。明るい茶～こげ茶色。ソフトブラウン

・瞳…明るい茶色。ガラス玉のようにキラキラと透き通った印象

〈春タイプ　大人世代のアドバイス〉

年を重ねても、やはり鮮やかで軽い色が似合います。40代、50代になっても若々しく見えるので、とてもうらやましいタイプです。

ただ、春タイプはどちらかというと、シミやそばかすが目立ちやすい肌色、肌質のため、年を重ねることで、さらに目立つようになってきたかもしれません。

その場合は、黒などの似合わない暗い色を着ると、肌のトラブルが、余計に悪目立ちしてしまうので、十分注意が必要です。

また、春タイプの人は、自分自身の持っている色が明るく軽やかなので、幼く見えないように、デザインや柄を大人っぽいものにするのもおすすめです。

〈春タイプの色（2〜5ページ参照）〉

ベースカラー

◆明るく澄んだブラウン
◆ハニーベージュ
◆キャメル
◆アイボリー
◆明るい紺色

アクセントカラー

◆黄みを帯びた鮮やかな赤
◆サンゴをイメージさせるピンクやピーチ色
◆明るい、元気なオレンジ色
◆スイセンの花のような明るい黄色
◆アップルグリーンや明るいレタスグリーン

◆明るいターコイズブルーやアクアブルー
◆赤みの強い明るい紫
◆キラキラしたゴールド

夏タイプとは？

夏タイプが似合う人は、上品でエレガントな印象。聡明な雰囲気を醸し出す人が多く、見ているだけでほっとできるような佇《たたず》まいです。

〈夏タイプの人の特徴〉

夏タイプの人は、どれもブルーがベースの寒色系、夏の陽射しにちょっとかすんだような涼しげなパステルカラー、グレイッシュトーンなど、全体に白っぽくてソフトな色のグループが、お似合いです。

また、ニュアンスのあるモーブやスモーキーブルーといった、どこかヨーロッパ調の落ち着いた色が似合うのは夏タイプだけなので、積極的にえらぶのもいいと思います。

・肌…ローズベージュ。ピンクオークル系で色白、または白め
・髪…ふんわり感のある色。黒寄りの明るい茶〜やさしい黒
・瞳…やさしいソフトな印象の黒。穏やかな印象を受ける

〈夏タイプ　大人世代のアドバイス〉

若いころは色が白くてピンク肌だった人も、年齢を重ねると、血流が悪くなり、シミやクマが増え、色白ゆえに目立ってしまいがち。

そうなると、顔色が悪く見えがちなので、チークの入れ方を変えてみるなど、メイクでの工夫が必要になります。

また、肌の色素が薄いゆえに、少しふっくらしてくると、輪郭がぼやけて見えがち。肌色がくすんで見えたり、体型が気になるときは、よく似合うプラチナ色のアクセサリーなどでツヤ感を出すのが有効です。普通はマットなプラチナ色がお似合いですが、ほんの少しキラキラとした光沢のあるものをプラスす

ることで、立体感が出るので、おすすめ。

〈夏タイプの色（2〜3ページ、6〜7ページ参照）**〉**

ベースカラー

◆ミルキーホワイト
◆ネイビーブルー
◆ブルーグレー
◆ココア色
◆ローズブラウン

アクセントカラー

◆青みのあるやわらかな赤
◆青みのあるピンクや甘いパウダーピンク

◆青みを帯びた薄い黄色
◆ミントグリーンや翡翠のようなグリーン
◆サックスブルーやパウダーブルー
◆ラベンダーやライラックのような淡い紫
◆マットなプラチナやシルバー

秋タイプとは？

秋タイプが似合う人は、シックで大人っぽい印象。落ち着きと知性を感じさせるので、周囲に信頼感と安心感を与えます。

〈秋タイプの人の特徴〉

秋タイプの人は、色づく木々や紅葉をイメージさせる、成熟した味わいのある色合い、茶やカーキといったナチュラルなアースカラーなど、こっくりと深みのある暖色系が、お似合いです。

・肌…ゴールドベージュ。オークル系で血色があまりよくない、または、やや黒め

・髪…深みを感じる色。少し緑がかった茶色〜暗めの茶色、または黒

・瞳…緑がかった茶色〜こげ茶。穏やかな印象を受ける

〈秋タイプ　大人世代のアドバイス〉

若いころは、落ち着いた秋色が似合うことで、喜んでいる人がいる一方、「老けて見える気がする」と悩んでいた人も、大人世代になると、秋色が似合うことをうれしく感じるはずです。

紅葉の季節などは、風景の色にぴたりとハマり、おしゃれも心から楽しめるでしょう。

秋には必ず秋色の服が登場するので、色さがしのときも、比較的困らないはずです。

「落ち着いた色がつまらない」とならないように、色や明るさのバリエーションをつけて、毎日の洋服えらびをしてください。

ただし、陥りやすいのが、落ち着いた色ばかりでつまらないと、青みの強

い、かわいらしいピンクなどの明るい色に手を出してしまうこと。似合わない明るい色みは、小物で取り入れて楽しむようにしてください。

大人になるといっそうゴールドカラーが似合ってくるので、ぜひとも取り入れるといいでしょう。

また、加齢とともに増えるシミやシワも、秋タイプの人は秋色さえきちんと身に着けていればあまり目立ちません。

注意したいのは、ヘアカラー。茶系が似合うからといって赤茶っぽく染めると、品がない印象になるので要注意です。

〈秋タイプの色（2〜3ページ、8〜9ページ参照）**〉**

ベースカラー

◆ベージュ

◆ブラウン

◆ダークブラウン
◆カーキ
◆シャンパンホワイト

アクセントカラー
◆完熟トマトのような深い赤
◆サーモンピンク
◆深みのあるオレンジ色
◆マスタードイエロー
◆オリーブグリーンや、ツタの葉のような深みのある緑色
◆緑がかったディープブルー、深みのあるターコイズブルー
◆緑がかった紺
◆熟したクワの実のような暗い紫
◆マットゴールド

冬タイプとは？

冬タイプが似合う人は、都会的でスマートな印象。キリッとシャープな雰囲気は、どこかダイナミックな存在感を放ちます。

〈冬タイプの人の特徴〉

冬タイプの人は、ビビッドな寒色系やモノトーン、冬の夜空に輝く星や、純白の雪、クリスマスツリーや赤のパーティードレスなどをイメージさせる色がお似合いです。

コントラストの強い組み合わせにすると、いっそう洗練された印象になります。

・肌…ピンクオークル系で色白～黒め。血色はどちらかというとよくない

・髪…浅黒い人もいるが、比較的黒々とした感じが強い。真っ黒
・瞳…真っ黒でキラキラしている。インパクトのある目をしている

〈冬タイプ　大人世代のアドバイス〉

冬タイプの人に似合う色である「強い色」は、心身が疲れているときはパワーを与えてくれて、助けとなる色でもあります。

ただ、若いころはキリッとスマートな印象を強く出していくのも良かったと思いますが、大人世代はこれに「ゆとり」や「余裕」を加えたいもの。そして、さらに「やさしい女らしさ」も足すようにしていきたいものです。

なぜなら冬タイプの人は、大人になって貫禄が出てくると、シャープな印象なので、ちょっときつく見られがち。

とはいえ、くすんだ色は似合わないので、柔らかいものやエアリー感のあるものをえらんだりするなど、素材で柔らかさを表現するのが賢明です。

それは服だけでなく、たとえばヘアスタイルをソフトな感じにアレンジするのもひとつの手です。

〈冬タイプの色（2～3ページ、10～11ページ参照）**〉**

ベースカラー

◆真っ白
◆黒
◆濃紺
◆グレー
◆チャコールグレー

アクセントカラー

◆ワインレッド

◆ツツジのような鮮やかなピンク
◆青みを帯びたレモンイエロー
◆鮮やかなエメラルドグリーン
◆ロイヤルブルー
◆バイオレット
◆キラキラしたプラチナやシルバー

タイプを大きくわけると「ウォーム」と「クール」

自分の生まれ持った色によって、春夏秋冬の4つのタイプにわかれ、そしてそれぞれに似合う色のグループがあるということをおわかりいただけましたでしょうか。

ですが、正直この4つの分類にまたがっているミックスタイプの人も多く、きっちりとわけるのは難しいもの。

さらに、年齢を重ねることによって、白髪やシミ、そばかすなどが増え、ますます自己判断が難しくなってきます。

そこで大人世代の女性におすすめなのは、この4つの分類を、大きく2つにわけた、「ウォームタイプ」「クールタイプ」（1ページ参照）の分類です。

ウォームタイプは、あたたかみのある暖色系で、黄みの強い色。春タイプと

秋タイプがこれに属します。

クールタイプは、涼しげな感じの寒色系で、青みの強い色。夏タイプと冬タイプがこれに属します。

この2タイプなら、自分の顔や手の甲などを見て、なんとなく判断がつくのではないでしょうか。

大人の女性なら、すでにたくさんの服を見て、実際に着てきているので、自分のワードローブを見直して、確認してみるのもいいですね。「これはちょっと黄みが強い」などと、ひと目でわかると思います。

春夏秋冬の4シーズンも頭の中に入れつつ、実際のショッピングで服を品定めするときは、「青みが強いかな？」「暖色系かな？」などと、ウォームタイプかクールタイプかを確認して、自分に似合う色かそうでないかを判断するといいでしょう。

「パーソナルカラー診断は難しそうで面倒」と思っていた人も、この方法を使えば、自分でもなんとなく似合う色を見つけられると思います。

アクセサリーをタイプでわけると「ゴールド」と「プラチナ」

似合う色は、服の色だけでなく、アクセサリーにおいても重要なポイントです。特に、ピアスやネックレスは、直接的に顔まわりを飾るものですから、服以上に大切なアイテムだといえます。

こういったアクセサリーが顔の色や特徴になじんでいないと、妙に派手に見えたり、反対に暗く沈んで見えたりと、あなたの印象が台無しになってしまうので、気を付けたいものです。

では、似合うアクセサリーの見つけ方とは？

それは、これまで見てきた、春夏秋冬の4シーズン、ウォームとクールの2タイプでわかります。その法則は以下の通りです。

＊ウォームタイプ（春タイプ・秋タイプ）→ゴールドアクセサリー
＊クールタイプ（夏タイプ・冬タイプ）→プラチナアクセサリー

つまり、ゴールド（イエローゴールド）のアクセサリーは黄みがあるのでウォームタイプ。プラチナ、シルバーなどは青みがあるのでクールタイプ、ということになります。

「ゴールドが好きなのにクールタイプだった」という人もいると思いますが、その場合は、ゴールドにプラチナやシルバーを重ね着けしてみるのもいいでしょう。

また、これらのゴールドとプラチナのタイプはさらに、マット感のあるタイプと、キラキラとツヤ感のあるタイプにわけることができます。

これも、４シーズンによって法則があります。

＊春タイプ→ツヤゴールド
＊夏タイプ→マットプラチナ
＊秋タイプ→マットゴールド
＊冬タイプ→ツヤプラチナ

ただ、大人世代なら、ゴールドでもプラチナでも、パーソナルカラーの法則が少しズレても、ツヤのあるものを選んで、とにかくキラキラとした光沢の力を借りる、ということでもいいと私は思います。

それに、成熟した大人であれば、ゴールドとプラチナのミックスもよく似合うようになってきているはずです。ただし、この「ズラシ」は、きちんとパーソナルカラーを知っている人に許されること。

ここまでお話ししてきたのはあくまでも、最もよく「似合う」もの、ということで、自由にミックスを楽しんでもらっても構いません。

Chapter 2

大人世代が注意する色・取り入れる色

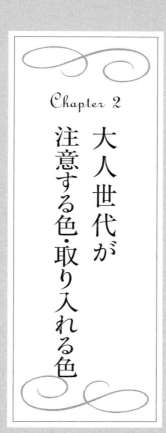

白のレフ板効果は鵜呑みにしない

白シャツだったり、ホワイトデニムだったり、清々《すがすが》しい白は、何歳になっても似合う人でいたいもの。

白は汚れが目立つので、お手入れには細心の注意が必要ではありますが、白は、どこか永遠の憧れのような色といえるのではないでしょうか。

白い服はレフ板効果がある！　なんて言葉も耳にしますが、でも実は、これは全員に当てはまるものではありません。

その人が持つ色素が白に対してどう反応するかによって、白の効果も人それぞれ変わってくるのです。

ですので、白のレフ板効果を鵜呑みにするのは、「ちょっと待った！」。

明度の高い白を着て、本人は美白効果だと思っていたら、実は白い光を浴びて、青白く見えていたということもあります。

さらに、目の下のクマが目立ち、どんよりした印象になったりもします。

また、白という色は、基本的に青い光を発しているので、黄みのある春タイプ・秋タイプの人が着ると、顔色が悪く見えてしまうのです。

白は、明るく見せているようで、実はマイナスの状態を作りだしてしまっていることが多いのです。

ですから、「白だから明るくなる」という固定観念を持っている人は、一度捨ててみてください。

とはいえ、やはり白は憧れの色ですし、他の色と合わせやすいので、つい手にしたくなる色ではあります。

そこで、大人世代が白の装いで失敗しないためにはどうすればいいのか、タイプ別に説明していきたいと思います。

タイプ別、白の取り入れ方

まず、**イエローベースの春タイプと秋タイプの人は、漂白したような白は避け、少し黄みがかったアイボリーや生成りといった白をえらぶようにしましょう。**

もし、漂白したような白を買ってしまったなら、顔まわりにウォームタイプの色みをプラスしてください。たとえばスカーフやアクセサリーなどをあしらうといいでしょう。

色白の肌の夏タイプの人は、比較的、白をうまく着こなすことはできますが、光を発するような明度の高い白はえらばないように。ちょっとトーンを落とした白をえらべば、ニュアンスのある雰囲気を醸し出して、素敵に着こなせるでしょう。

ピンクオークル系で白めの肌色の冬タイプの人は、基本的に白がとてもよく似合います。漂白したようなパキッとした白も見事にハマりますので、美白効果も期待できそうです。

また、どんな色とも合わせやすい白の特長を生かして、自分に似合う色とのミックスで、おしゃれに見せるワザもあります。

明るい色みが似合う春タイプの人は、鮮やかなレモンイエローやタマゴ色などと組み合わせましょう。薄い色ではなく、白よりも目立つようなはっきりした色を持ってくることがポイントです。

涼しげなパステル調が似合う夏タイプの人は、白の持つまぶしさを少しおだやかにするようなイメージで着こなしてください。ですので、薄い色では足りないので、マラカイトグリーンやローズピンクなど、しっかりした色と組み合わせるのがおすすめ。

秋タイプの人は、上下の色をはっきりと変えるのではなく、全体の色のトーンを統一するのが得策。薄いベージュなどと合わせて、白の持つ明るさを抑えて、シックな雰囲気に着こなしてください。

そして冬タイプの人。基本的に白が似合うので、似合う色の中から自由にえらんで組み合わせれば、とびきりおしゃれに着こなせるはずです。

ぜひとも自分なりのアレンジで、白の装いを楽しんでください。

黒が似合う人は限られている

「無難だから」「どんな色とも合わせやすいから」「汚れが目立たないから」「痩せて見えるから」「きちんとして見えるから」

こんな理由で、日本人は、普段から黒を着ている人が多いと思います。

確かに黒は、ファッションと切り離せない色であり、垢抜けた感じに見せてくれる重宝な色ではあります。

でも黒は、数ある色のなかで、最も暗い色。

この黒を顔まわりに持ってくると、顔色を暗く、沈んだ感じに見せてしまうので、肌のくすみが気になる大人世代にとっては、危険な色なのです。

ましてや、本当に好きで、自分に似合う色だから着ているならまだしも、「なんとなく」「無難だから」着ている人が多いもの。

でも本当は、黒という色は、大切なイベントなどで使う、無難とは真逆の〝特別な色〟なのです。

それなのに、私たちは日常的になんの気なしに使ってしまっています。黒に対して本来持つべき〝敬意〟があれば、そんなに頻繁に使うことは、できなくなるはずです。

私の場合は、黒が似合う「冬タイプ」なので、きちんとしなければならない仕事のときには、黒を着ます。

でもそれは、プロとして役目をしっかり果たすための高級なサプリメントのように取り入れているのです。

ですから黒えらびは、毎回慎重におこなっています。

多いのは、スカートやワンピースといった、女性らしさを出すアイテム。以前はパンツスーツなど、マニッシュなアイテムを着ていましたが、40代になった今は、違います。

素材も、シルクやレースなど、透け感やエアリー感のあるものをえらぶようにしています。

なぜなら、黒は本来、しなやかな女らしさとはかけ離れた色なので、強く、重く、かしこまった印象になってしまうからです。


大人の女性は、しっかりしたイメージももちろん大切ですが、40歳を過ぎてくると、「頑張っている感」が強く出てしまいがちです。

本人はそんな気はないのに、周りの人には、そうは映りません。

「まだまだとんがっていたい！」という人ならいいけれど、大人の女性なら、しなやかで凛とした、余裕を感じさせるイメージを与えたいもの。

黒という色は、みなさんが思っている以上に、とても高貴な色。

だからこそ、丁寧に接してもらいたい、そう思うのです。

タイプ別、黒の取り入れ方

では、大人はどう黒を取り入れたらいいのでしょうか？

まず、パーソナルカラー診断の4シーズンでいうと、**いわゆる真っ黒は、冬タイプの人におすすめの色になります。**

冬タイプの人なら、真っ黒な瞳や漆黒の髪によく映えて、黒をシャープに着こなすことができるでしょう。

春タイプの人は、基本的に黒は得意な色ではないのですが、すでに黒の服をお持ちの場合は、コントラストをつけて着れば、攻略することも可能です。

たとえば、明るいオレンジやアップルグリーンなど、似合う色と組み合わせることで、明るく見せることができます。

夏タイプの人も、基本的に黒は得意な色ではないので、使いこなすのは難しいと思います。しかし、レースなどの柔らかい素材をえらんだり、面積を少なく取り入れたりしたら、おしゃれに着こなすことができます。

一方、**秋タイプの人は、黒は得意な色ではないのですが、本来似合う、落ち着きのある強い色などとうまくなじませる**など、色合わせ次第では、取り入れやすいでしょう。

春、夏、秋タイプの人は、黒一色の「黒ずくめ」にしないことが何よりも大事なことです。

素材次第で優秀な黒もある

黒は、ともすると「強い」「重い」などの印象を与える色ですが、素材を吟味して選べば、女性らしさや高級感などを、効果的に見せることもできます。

たとえばシフォンやレース素材なら、ほのかな透け感もあって、女性らしく、ラグジュアリーに演出してくれるでしょう。

サテンなどの光沢素材なら、リッチな雰囲気もあり、大人世代におすすめです。

こういった素材の場合でも、全体に使うのではなく、トップかボトムか小物か、どれかひとつにして、分量を少なめに。

黒の分量が多いと、重い印象になるので、気を付けてください。

黒のアイテムといえば、黒レザーのライダースジャケットを愛用している人も多いかもしれません。雑誌などでも、あると便利な定番アイテムとしてよく紹介されているようです。

確かに、フェミニンなアイテムと合わせるときりりと引き締まり、カッコよく決まりますが、黒レザーのライダースジャケットは、それだけでかなり強い印象になってしまうおそれもあるのです。

レザー自体は、柔らかめから硬めのものまでいろいろあるので、色みだけでなく、その質感が自分に似合うかどうか、しっかり見極めて買うようにしましょう。

グレーは取扱注意の色

毎朝の服えらびは、本当に大変。私も、クローゼットの前で腕を組み、年を重ねるにつれ、悩むことが多くなったことを実感しています。

社会人として恥ずかしくないような格好をしなくては、と考えると、そんなとき、ついつい手が出てしまう色というのが、グレー。

みなさんのクローゼットの中に、グレーのアイテムはどれくらいあるでしょうか？　大人の女性なら、けっこうたくさん持っているのでは？

また、買い物に行くと、ついグレーの服を手に取ってしまうという方も多いのではないでしょうか。

グレーというのは本来、プラチナの色みでありますから、パーソナルカラー

でいえば、クールタイプの人に似合う色です。

ですから、クールタイプの人は比較的、グレーを上手に着こなせますが、ウ**オームタイプの人にとっては、グレーは難易度が高い、取扱注意の色なのです。**

グレーという色は、白と黒を足した色。

ひとくちにグレーといっても、その幅は広く、白が多くなると明るくて軽いグレー、黒が多いと、暗くて落ち着いたグレーになります。

とにかくグレーは、どの色にも合わせやすいので、大人がえらびがちな色。

確かに、万能カラーのひとつではあります。

ですが、さきほどいったように、グレーというのは、黒と白の中間の色。黒でも白でもない、あいまいな色です。

これは、グレーを着ることで、心理的にも「私はあいまいなんです」というメッセージを発していることになります。

いわば、グレーを隠れ蓑《みの》にしてしまっているのです。

安易にグレーを手に取ってしまうのは、「あまり頭を使いたくない」「考えたくない」などという気持ちの表れかもしれません。もしかして、ちょっと心が疲れているのかもしれませんね。

でも、グレーという色は、おしゃれに着たら、シックで洗練された大人の女性らしさを表現できる色。ですから、なんとなくえらぶのはとってももったいないことです。

大人世代だからこそ着こなせる、もっと、ポジティブなグレーのおしゃれを楽しんでほしいと、切に思うのです。

タイプ別、グレーのえらび方

雑誌などでは、シックな色の代表格といわれているグレーですが、実際のところ、あなたの輝きを一瞬で奪う可能性を秘めています。

似合う人が着ればシックで大人っぽいイメージですが、似合わない人が着ると、地味で不健康な印象になりがちだからです。

ましてや人気のワントーンコーディネートだと、まるで作業服のように見えてしまうこともあります。

また、肌の色をより灰色がかって見せるので、間違ったグレーをえらぶと、くすみが目立つ場合も。

これでは気持ちまでグレーになってしまいます。

なぜなら、グレーはどんな色にも合わせやすいけれど、誰にでも簡単に似合う色というわけではないからです。

ここ数年のグレーの流行に振り回されて、グレーを毎日のように着てきた人は、少し見直す作業が必要だと思います。

たとえば、実際に私のサロンのお客様には、グレーえらびの訓練を徹底的におこなっていただいています。

10年前に比べれば、最近はグレーの色みも幅広いバリエーションが出てきているので、しっかり吟味すれば、自分に似合うグレーは見つかります。

黄みよりのグレー、白に近いライトグレー、青みのあるブルーグレー、かなり濃いチャコールグレーと、実にグラデーションも豊か。

その中から、自分に似合うグレーが見つかれば、グレーは味方にすることができます。

ただ、幅広い色みのグレーだけに、自分のグレーを見極めることが難しいというのも確か。

ですから、**グレーをえらぶときは、「ウォームタイプの人（春・秋タイプ）は黄みのあるグレー」「クールタイプの人（夏・冬タイプ）は青みの強いグレー」を指針にしてほしいと思います。**

また、地味になりがちなグレーは、素材で表情を出せばぐっと洗練度をアップすることができます。

レースなどの透け感のある素材や、プリーツやフリルなどのひとクセあるもの。こういったデザイン性の高いものを選べば、大人世代こそのシックなグレーの着こなしが完成するはずです。

グレーは華やかなアクセントカラーと組み合わせる

誰にでも簡単に似合う色ではないけれど、どんな色とも合わせやすいグレーの特性を生かして、もっとおしゃれに着こなす、とっておきのワザはあります。

それは、グレーを着る際に、アクセントカラーを取り入れること。アクセン

トカラーですから、1色でも華やかになる色がおすすめです。

つまり、グレー×ピンク、グレー×イエロー、グレー×オレンジなど、明るい色とミックスして着こなすことができると、グレーが生きてきます。

もちろん、そのときに合わせる明るい色が、似合う色なら、効果は絶大。

これはつまり、**グレーを着こなしのメインカラーにしない**ということです。

グレーはあいまいな色なので、アクセントカラーとも自在に組み合わせることができるので、合わせやすく、さらに華やぎもプラスできて、いいことずくめ。

グレーをセンスよく着こなせる、タイプ別のアクセントカラーの組み合わせは、次の通りです。

＊春タイプ：グレー×明るいオレンジ
＊夏タイプ：グレー×ラベンダー
＊秋タイプ：グレー×マスタードイエロー
＊冬タイプ：グレー×鮮やかなピンク

ベージュえらびはテクニックが必要

ソフトな色みで、どんな色とも合わせやすいベージュは、大人の定番カラーとして支持の高い色ではないでしょうか。

色として見れば、華はなく、女性らしい色とはいえませんが、ベージュの服に袖を通すと、ほっと落ち着くような安心感があるものです。

でも、こうしたベージュの服は、ともすると野暮ったくなりがちで、おしゃれに着こなすには、ちょっとしたテクニックが必要。

そもそもベージュという色は、肌色に近い色。ですから肌着の色ともいえます。いわゆる「ババシャツ」は、まさにベージュですよね。

ですからベージュの服を着ているということは、ちょっと大げさにいえば、下着や裸で歩いているようなもの。

街中でベージュを素敵に装っている人を見かけると、やはり、堂々として自立した雰囲気の大人の女性が多いものです。

裸のような「素」の自分で勝負するベージュの着こなしは、本当に成熟した大人の女性だからこそ実現できる貫禄のようなものがあると思います。

そういった意味で、私にとってベージュは、憧れの色でもあります。

「ベージュを素敵に着られるようになったら、本物の大人の女性」

そう思うからです。

タイプ別、ベージュのえらび方

グレーと同じように色幅も広く、白っぽいものからキャメルに近いもの、黄みの強いものから青みのあるものと、実にさまざまなベージュ。

さきほど述べたように、クールタイプの人にグレーが似合うのに対し、黄みのあるベージュは、ウォームタイプに似合う色となります。

ですから、**紅葉を思わせる落ち着いた色みが似合う秋タイプの人などは、シックなトーンのベージュがとてもよく似合います。**

若々しい印象の春タイプの人には、どこか透け感を感じさせる、はちみつのような明るめのハニーベージュなどがしっくりくるでしょう。

一方、**青みのある色が得意な夏タイプや冬タイプのクールタイプの人は、グ**

レイッシュなベージュを合わせることをおすすめします。

いわゆるグレージュなどは、グレー×ベージュの色みなわけですから、クールタイプの人が着るベージュとしてはうってつけです。

また、このところ人気のピンクベージュは、黄みが少ないので比較的着こなしやすいのですが、くすんだ印象に見えない工夫が必要です（１１９ページ参照）。

ベージュを取り入れたいけれど、似合わないから……と避けていた方は、分量は少なめに、サブカラーとして取り入れてみては、いかがでしょうか？

優等生カラーのネイビーはエッジをきかせる

定番色の中でも幅広い層に支持されているのが、ネイビー。周りの人からの好感度も高い、優等生カラーです。

ですが、**ネイビーも意外に色幅があり、えらび方を間違えると、顔色が悪く見えてしまう色でもあるのです。**

たとえば濃紺といえば、学生の制服の色。学生の頃に着慣れているから手が出やすいかもしれませんが、だからといってそのイメージのまま大人が着たら、なんだか、ちぐはぐな印象になってしまいます。

また、40歳を過ぎて濃紺を着ていると、いかにも〝お母さん〟みたいな雰囲気を醸し出してしまうこともあります。

幼稚園や小学校の行事でママたちが着る、かしこまったスーツのようなイメージが強いからでしょう。

清潔感、知性、上品さなどを感じさせて、一見、大人世代の味方のようなネイビーですが、実はこういった落とし穴がいっぱいあるのです。

また、制服で慣れ親しんでいたせいか、ネイビーを着るときは、「きちんとした装いにしなくては」という気持ちが働いてしまうこともあります。

私たち大人世代は、制服や紺ブレ、かつての就職活動のスーツなど、真面目なイメージにしばられているのかもしれません。

ですからこういった真面目顔ネイビーを卒業するのが、成功させる第一歩。

そこで、私が提案したいのは、「ネイビーの遊び」。

堅くなりがちなネイビーこそ、透け感、レース、フリルなどの装飾性のあるデザインで遊んでしまうのです。

最近は、ネイビーのレースのスカートなど、エレガントなアイテムも多く出ているので、お気に入りが見つかると思います。

また、大人世代のネイビーでぜひとも試してほしいのは、先入観を捨てた、新鮮な配色です。

ネイビーというと、どうしてもネイビー×白のマリンルックの配色を考えてしまいがちでしょうが、大人の場合は、意外性のある組み合わせにしたほうが、上級のネイビーに決まります。

たとえば、ネイビー×イエローの組み合わせは、シックで辛口の印象になり、大人っぽく決まります。さらに差し色に、シルバーの靴とバッグを持ってきてもよいでしょう。

ほかには、ネイビー×グリーン。できればこれに白を加えて、スポーティな3色展開でコーディネートすると洗練された雰囲気になります。

また、大人だからできる艶っぽい組み合わせは、ネイビー×赤。華やかな赤をネイビーがほどよく抑えて、上品にまとまります。

柔らかい雰囲気を醸し出したければ、ネイビー×淡いピンクというのも素敵です。

優等生のネイビーこそ、少しエッジをきかせたような着こなしやカラーリングで、人とは差をつけてくださいね。

ネイビーの着こなしに、エッジをきかせる組み合わせはこちらです。

＊ネイビー×イエロー
＊ネイビー×グリーン
＊ネイビー×赤
＊ネイビー×淡いピンク

水色は大人世代をくすませる色

モノトーンなどの定番カラーのほかに、大人世代が好きな色といえば、水色があげられるのではないでしょうか。

少し淡い色なので気軽に着ることができるし、きれいな色を着ている感覚も楽しめる水色。

誰のクローゼットの中にも、必ずある色だと思います。

黒、グレー、ベージュなどのベーシックカラーとも相性がいいので、コーディネートもラクチン。

水色は、知らず知らずのうちに、かなりの頻度で着ている、隠れた定番カラーといえましょう。

でも、この水色も、実は大人には、ちょっとこわい色。

淡い水色は、大人世代が着ると、顔がくすんで見えてしまう色なのです。

パステル調の幼いイメージの色でもありますから、大人が着ると、妙な若作り感が出てしまい、かえっておばさんっぽく映ってしまうおそれもあります。

それは、大人がカジュアルなボーダーTシャツを着たときのようなもので、がんばっているように見えてしまって、イタイ感じになりかねません。

それに、こういった水色は、ファストファッションでも簡単に見つけることのできる、〝よくある色〟。ですから必然的に、特別感や洗練を感じさせないのです。

男性がパリッとしたシャツで水色をまとっていれば、とても爽やかに見せてくれる魅力的な色ではありますが、**大人の女性が着こなすには、えらび方にちょっとした工夫が必要となるのです。**

そのえらび方とは、白に近い、アイシーな水色をえらぶこと。

ダンガリーシャツなどのようなサックスブルーに近い中途半端な水色ではな

く、かなり白に近い、クリアなアイスブルーです。

ヒンヤリとクールな印象を与えるアイスブルーなら、甘くならず、大人っぽく決めることができるのです。まるでシャーベットみたいな感じです。

また、透明感があるので、どこか抜け感も漂い、洗練された雰囲気に見せることもできます。

これは、若い世代では表現することができない、大人ならではの辛口のニュアンス。


実は私自身、こういったアイスブルーのスーツを持っているのですが、本当に評判がよく、うれしいことに、仕事での男性ウケもいいのです。

黒のスーツだと、男勝りのようになってしまいますが、アイスブルーだと、ソフトな女らしさも漂い、それでいて、男性のシャツのような色でもあるので、男性と対等にいるようなイメージも与えることができるのです。

ですから、アイスブルーのスーツのときは、仕事先の男性がおしゃべりしやすくなっているように感じます。
アイスブルーは、実は好感度が高く、隠れたおすすめカラーでもあるのです。

グリーンは大人世代が取り入れたい色

ここまでは、無難な定番色だと思っていた白、黒、グレー、ベージュ、ネイビー、水色が、じつは難しいというマイナス情報ばかりで、うんざりしているのではないでしょうか。

ここからは、いわゆる定番色ではないけれど、大人がぜひとも取り入れたい色をお教えしたいと思います。

まず、おすすめなのは、積極的にえらぶ人は少ないけれど、本当は大人世代にすごく似合う、「グリーン系」です。

グリーンとは、青と黄を足した色。

ですから、**青みのクールタイプにも、黄みのウォームタイプにも、必ず似合う要素を持っているということになり、このことも、グリーン系を大人におす**

すめする理由のひとつです。

グリーンは、木々の緑や私たちが食べる野菜など、自然界にたくさんある色で、一日のうちで必ず目にしているなじみの深い色でもあります。

緑豊かな日本の地に住む私たちは、特にグリーンに対してどこか愛着を持っているのではないでしょうか。

癒やしの色ともいわれるグリーンですから、もっと、ファッションでも取り入れていいはずなのに、一般的に、グリーンよりもブルーをえらぶ人のほうが多いように感じます。

グリーンは、色幅も広く、日常的に取り入れるようになると、その魅力にどんどんハマっていく、楽しい色なのです。

黄緑、ミントグリーン、エメラルドグリーン、オリーブグリーン、カーキ、ディープグリーンなど、グリーンのバリエーションは、思い浮かべただけでも実に豊かで多彩。

本当にさまざまなグリーンがあるので、一度、雑誌などでグリーンのアイテムの写真を切り抜いて見比べてみるのもいいですね。そうすると一目瞭然で、グリーンの魅力を実感するはずです。

さらに、グリーン系は、色合わせにとってても優れたカラーでもあるのです。

たとえば、グリーンに定番カラーであるネイビーを組み合わせたら、どこか洗練された雰囲気に決まります。

また、グリーン×白なら、ナチュラル感や信頼感をアピールすることができます。

ほかに、意外なようですが、イエロー、ピンク、ベージュとの組み合わせも素敵です。

また、グリーンのなかでも、大人にふさわしいグリーンといえば、落ち着いた色みのカーキが挙げられます。

ミリタリー調のジャケットやコート、カーゴパンツなど、カーキのアイテムは案外多いので、容易に見つけることができると思います。

ほかに、爽やかなミントグリーンなどは、若々しく見える色なので、ぜひとも取り入れてほしい色です。

では、ここで4シーズンのタイプ別に、似合うさまざまなグリーンを紹介します（実際の色は3ページ参照）。

＊春タイプ→ライトグリーン、レタスグリーン、アップルグリーン、ネオングリーン
＊夏タイプ→マラカイトグリーン、パステルグリーン、ミントグリーン
＊秋タイプ→ティーグリーン、オリーブグリーン、フォレストグリーン、ピーコックグリーン、カーキ
＊冬タイプ→アイスグリーン、エメラルドグリーン、ビリジアン、ネオンイエローグリーン

大人こそピンクを取り入れる

ピンクという色は、女性にとって、特別な色ではないでしょうか？

身にまとっているだけで、どこかやさしい気持ちになり、女性らしさや母性に目覚めさせてくれる色です。

ピンクのプラスのイメージは甘い、柔らかい、若い、可愛い、やさしいなど。

その一方、マイナスのイメージでは、若作り、幼い、夢見がち、甘えん坊、わがままなど、大人世代は注意したいイメージです。


仕事などに追われる多忙な日々の中、女らしさを失っている気がしたとき「注入しなくては！」と思うのは、やはり、ピンク。

そして、本来ピンクという色は、内面にも丸みが出てきた、母性を感じるような大人の女性に似合い、やさしい、柔らかい印象をアピールすることができる色でもあるのです。

ですから、黒やグレーなどのモノトーンばかりえらぶのではなく、大人世代こそ、ピンクを積極的にえらんでほしいと思うのです。

ピンクは、いつだって、女性が求める色であり、魅了される色。

ピンクを味方にすることは、女性にとって永遠のテーマといっても過言でないかもしれません。

タイプ別、ピンクのえらび方

ピンクもまた、黄みのあるサーモンピンクから青みのあるフューシャピンクまで、バリエーションが豊富です。

こういった中から、いろんなピンクを試して、自分に似合うピンクを探してみるというのも、ひとつの方法。

たくさん失敗することも覚悟のうえで、チャレンジしてみてください。大人は、ピンクにチャレンジすること自体が、とても重要なこと。

これ！　という色が見つかるまで、時間がかかる場合もあるかもしれません。ですが、いっそのこと、そのことを楽しんでしまえばいいのです。

自分のピンク探し、というのも、どこか楽しくはないですか？

ここで、大人の近道として、４シーズンのタイプ別に似合うピンクをお伝えします。まずはこの色から始めてはいかがでしょうか？（実際の色は2ページ参照）

✻春タイプ→コーラルピンク、ピーチピンク
✻夏タイプ→青みのあるピンク、ローズピンク
✻秋タイプ→サーモンピンク
✻冬タイプ→フューシャピンク、アイスピンク

大人になじみのいいピンクベージュ

このところ、昨今のニュアンスカラーの流行で、人気を集めている新しいピンク系の色があります。

それは、ピンクベージュ。

控えめなベージュのように見えるけれど、ピンクがかっていて、ソフトで淡く、やさしいムードの色。女性なら誰でも心惹かれる色であり、男性からもウケのいい、モテ色といってもいいでしょう。

肌なじみがよく見える色なので、若い世代だけでなく、大人世代にも支持されています。

でも、ピンクベージュは、基本がベージュなので、ともすると肌がくすんで見えてしまうことも。だからこそ、ちょっと慎重にえらばなければいけません。

くすんだ印象に見えてしまったら、自分に似合うアクセサリーを駆使する、上級コーディネートが必要です。

ゴールド（ウォームタイプ）、プラチナ（クールタイプ）と、自分のタイプに合ったアクセサリーをあしらって、輝きをプラスすると、華やいだ雰囲気になります。

また、ピンクベージュは素材えらびも重要な鍵。

安っぽいものだと、くすんで見えたり、若作りに見えたりしてしまうので、ピンクベージュこそ、質感にもこだわるようにしてください。

ハリのある素材やツヤ感のある素材を選べば、大人らしく、リッチな雰囲気に着こなせるはずです。

ピンクベージュはハードルの高い色ではありますが、上手に取り入れれば、大人の魅力を引き出してくれる新定番色となるでしょう。

大人にハマる濃いブルー

ブルーという色は、性別や年代を問わず人気の高い色。

ブルーのなかでも水色など、中途半端に淡い色よりも、思い切り薄いアイスブルーがおすすめということは、「水色は顔がくすんで見える色」の項目でお話ししました。

それと同じように、中途半端でなく、はっきりとした濃いブルーもまた、大人世代に似合う色として提案したい色です。

それはなぜかというと、**大人になると、はっきりとした濃い色がハマるようになるからです。**

それは、私自身も実感しています。20代半ばのころは、濃いブルーが似合わなかったのですが、40代になった今、濃いブルーが上手に着こなせるようになってきたのです。

濃いブルーというのは、淡い水色などと違って、少し強い色。あいまいな色ではないのです。だから、内面がともなっていないと、強い個性を持つ色が勝ってしまうのです。

でも大人世代なら、さまざまな経験を積み、人として厚みが出てきて、色に負けることもないはず。

ですから、**ロイヤルブルーのように濃いブルーは、大人世代なら、上手に着こなせる色で、新しい定番カラーとして取り入れるべき色なのです。**

「そんなことはない、まだ着こなせない」などと思わずに、まずはチャレンジしてみてください。若いころはしっくりこなかった濃いブルーが、不思議なほど、ハマるようになった自分に気づくはずです。

たとえば、英国のエリザベス女王やキャサリン妃などは、まさに国を象徴するロイヤルブルーを見事に着こなしています。

これは、もともと高貴な色であるロイヤルブルーが、いっそう上品に気高く印象づけているように思います。

このように、濃いブルーは、高級感のある色なので、カジュアルにはせず、女性らしさやきちんと感のある着こなしにしたほうが、色の個性が発揮され、クラス感のあるおしゃれになります。

大人にこそハマる、ブルー。ラフなカジュアルスタイルではなく、ワンランク上をいく、リッチなブルーで、差をつけてみてはいかがでしょうか。

4シーズンのタイプ別に似合うブルーは、以下を参考にしてください（実際の色は3ページ参照）。

＊春タイプ↓アクアブルー、ターコイズブルー
＊夏タイプ↓サックスブルー、パウダーブルー
＊秋タイプ↓深みのあるターコイズブルー
＊冬タイプ↓ロイヤルブルー

こっくりとした赤は優秀

インパクトの強い赤は、いつも身に着けていると、ちょっと主張しすぎて、わずらわしくなる場合もあるもの。

それは、人付き合いと同じようなもので、ある程度、距離感を持って付き合えば、とてもいい関係が築ける色です。

そして、どんな色よりも「ツヤ」を感じさせる色なので、大人世代の女っぷりを上げてくれる、最強の色にもなります。


では、赤は、どうすれば味方にすることができるのか？

そのカギは、赤の分量にあります。

赤は多すぎると、さきほど言ったように、主張しすぎて、くどい印象を与えかねないので、どこか一点で取り入れるのが賢明です。

たとえば、ご存じの方も多いと思いますが、クリスチャン・ルブタンの靴のソールは真っ赤に染められています。美しいパンプスを履いて、さっそうと歩くとき、チラッと「赤」がのぞいて、実に色っぽいのです。

こういった、さりげない「赤」の使い方こそがベスト。

ですから**赤は、服だけでなく、バッグ、シューズ、ネイル、口紅など、どこか一点だけ、さりげなく取り入れるのが大人の流儀。**

赤は、黄みのある朱赤からワインレッドまで、いろいろありますが、**おすすめなのはちょっと濃いめの、こっくりとした赤。とても優秀です。**

大人になると、内面が充実してきて、濃い色が着こなせるようになってくるので、こっくりとした赤は、まさにぴったりの色といえましょう。

例を挙げるとすれば、トマトレッド、ワインレッド、ボルドーなどです。

少し濃い色みは、派手にならず、あくまでも上品な印象を約束してくれるので、大人の味方となるでしょう。

女っぷりを上げてくれるその効果を実感すれば、大人こそ、赤色の魅力の虜になるはずです。

赤を着慣れていない初心者の方は、はじめは少し抵抗があるかもしれません。そんなときは、まずは自分に似合う赤から始めてください。

4シーズンのタイプ別に似合う赤は、次の通りです（実際の色は2ページ参照）。

＊春タイプ↓黄みを帯びた鮮やかな赤
＊夏タイプ↓青みのある柔らかな赤
＊秋タイプ↓完熟トマトのような深い赤
＊冬タイプ↓ワインレッド

意外と使えるイエロー

私が大人の女性にぜひとも着てほしいと願っている色があります。

それは、明るいイメージのイエロー。

暖色系のあたたかみのある色で、好印象を与えてくれる色の代表格です。

イエローは、私たち日本人の肌色に近いオークル系の色なので、なじみもよく、実は手を出しやすい色なのです。

それなのに、イエローを好んで着ている大人の女性が少なくて、とても残念な気がします。

お客様などにイエローをすすめると、たいてい「そんな派手な色は着られない」とおっしゃるのですが、イエローといってもさまざまで、大人に似合うイエローもちゃんとあります。

たとえば、レモンイエロー、マスタードイエロー、ライムイエロー、タマゴ色、チーズ色など、実に多彩に揃います。

では、取り入れるべき理想のイエローはというと、落ち着いた感じのマスタードイエローが、あげられます。

これなら、派手に映ることもなく、あたかもベージュの延長のような感覚で気軽に装うことができるでしょう。

また、鮮やかでクリアなレモンイエローやタマゴ色も、似合うようであれば、ぜひとも積極的に取り入れてほしい色。

いざ着てみると、思っていたより着やすくて、さらにどんな色とも相性がいいので、もっと早く知っていればよかったと後悔することうけ合いです。

イエローのプラスイメージは、元気、快活、明るいなど。

マイナスイメージは、騒がしい、お調子者など。
似合わないイエローを着てしまうと、マイナスイメージのように落ち着きがない人に見えてしまうので、くれぐれも似合うイエローを吟味してください。

4シーズンのタイプ別に似合うイエローは以下の通りです（実際の色は3ページ参照）。

＊春タイプ↓スイセンの花のような明るいイエロー
＊夏タイプ↓青みを帯びた薄いイエロー
＊秋タイプ↓マスタードイエロー
＊冬タイプ↓青みを帯びたレモンイエロー、ライムイエロー

似合うオレンジを見つけるのは簡単ではない

そもそもオレンジという色は、イエローベースの色になります。ですからイエローベースの春タイプ、秋タイプの人にはおすすめです。

特に、秋タイプの人の肌にはなじみがいいので、おしゃれに着こなすことができるはずです。なかでもちょっと渋めのオレンジなどがよく似合います。紅葉の季節などは、その景色にとてもよく映えるので、抹茶色などとの組み合わせで、落ち着いた感じにまとめるのも素敵です。

春タイプの人は、明るくツヤのあるオレンジをえらぶといいでしょう。ジューシーなオレンジ色は、若々しい印象を叶えてくれます。

ブルーベースのクールタイプの人は、顔まわりに持ってくるよりも、バッグなどの小物、ネイル、口紅、チークなどであしらうこともできるので、そちらで取り入れて練習してみるのもいいかもしれません。ただし、基本は肌なじみの悪い色なので、一ヵ所だけ悪目立ちしないように、二ヵ所に散らすなどして、工夫してみましょう。

オレンジという色は、コミュニケーション力を上げてくれる色なので、仕事でもプライベートでも、積極的に取り入れたい色ではあります。

ただ、オレンジの色の幅はあまり広くないせいもあって、自分に似合うオレンジを見つけるのは、簡単ではない、というのが正直なところです。

唯一、**自信を持って提案できるのは、エルメスオレンジ。**

そう、エルメスのブランドロゴやパッケージに使われている、落ち着いたオレンジ色です。

この、ちょっとリッチなエルメスオレンジは、服よりも、バッグなどのレザー小物などでよく見かけるものなので、ちょっと探してみるのもいいですね。

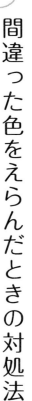

間違った色をえらんだときの対処法

「最近買った服が、どうやら似合わない色みたい」
「似合う色ではないけれど、思い入れのある服だから処分できない」
と、間違った色の服だけれど、やっぱり着たい！　というときは、どうするべきか？

その対処法は、２つあります。

まず一つ目は、「肌見せ」。
自分の肌色というのは、もちろん本来持っている「素」の色なわけですから、一番似合う色。ですからその「似合う色」の肌を見せることで、カモフラージュするのです。

たとえば胸元を開けてデコルテをのぞかせたり、髪を耳にかけたり、特に顔まわりで肌見せを意識するといいでしょう。

ですから、首元の詰まったタートルネックなどで似合わない色を買ってしまうと、難易度は大。そんなときは、まとめ髪、耳かけなどで、肌を多めに露出することで、プラス効果を得られます。

二つ目は、似合わない色に人の視線が集中しないように、「色」を散らすこと。

似合わない色の服を着たときは、自分に似合う色のアクセサリーなどをいくつか着けて、色を分散させるわけです。

ピアス、イヤリング、ブレスレット、バングル、時計、スカーフ、バッグなどを、2～3ヵ所にあしらうといいでしょう。

そのときの色は、似合わない色よりも、さらに目立つ色みにするのがポイント。

たとえば、秋タイプの人が似合わない真っ白の服を着たときは、深みのあるトマトレッドのバングルや、鮮やかなエルメスオレンジのスカーフなど。

真っ白とコントラストがつきやすい色を選んで、色を散らすと効果的です。

このテクニックを憶えておくと、似合わない色でも捨てたりせず、いつまでも着ることができて、とても便利です。

意外と便利な「柄もの」

「柄ものは、興味があるけれど、どれをえらべばいいのかわからない」

これは、お客様や友人から、週に1回は耳にするセリフです。

柄というと、ストライプ、ボーダー、水玉、チェック、ヒョウ柄、ゼブラ柄、千鳥格子、幾何学柄、花柄、植物柄、ペイズリー、カモフラージュ柄など。

パッと思いつくものだけでこれだけですから、結構あるものです。

では、大人世代が柄えらびで失敗しないためにはどうすればいいのか？

賢く取り入れることができれば、理想のイメージに近づける柄ものですが、

最近は、ボーダーやチェックなどの定番柄ばかり目につきます。

それも確かに柄ものではありますが、大人世代があえてプラスしたい柄もの

とはいえません。

どちらかというと、ボーダーやチェックは、無地と同じ立ち位置にあるような、そんな印象を受けることがあります。

本来、柄えらびはとっても楽しいことなのに、とても残念な気がします。

なかでも、花柄や幾何学柄というのは、バリエーション豊かな色を使っているので、一枚でいろんな色を楽しむことができます。

普段、色に抵抗がある人こそ、柄から入って色を楽しむという方法もあるのです。


無地の服だとべたっと一枚に色がのってしまうので、目立ちすぎてしまいますが、柄ものだと多彩な色を少しずつ使っているので、どれかが悪目立ちするということはなくなるのです。

ですから柄ものは、意外に着やすいアイテムでもあるのです。

また、**柄えらびで気を付けたいのは、アクセントカラーが、自分に似合うかどうか。**

その見極め方は、色の組み合わせを見ることです。

たとえば、黒、グレー、ベージュ、ブラウンなどのベーシックカラーがベースになっていて、ピンクや青などのアクセントカラーが1色加わっている場合は、そのアクセントカラーの色が似合うか似合わないかの鍵を握っています。

ベーシックカラーが似合う色であっても、アクセントカラーが似合わない色の場合は、面積や配置場所にもよりますが、顔色を悪く見せてしまうこともあります。

ですからスカーフなどの柄えらびのときも、アクセントカラーが自分に似合う色か似合わない色かを判断して、吟味するようにしましょう。

ヘア・メイク・ネイルカラーのヒント

ヘアカラー

髪の色は、極力、地毛に近づけたほうがいいというのが私の持論です。とはいえ、30代後半になってくると、白髪なども出てくるので、部分染めなども必要になってきます。

この場合、自分に似合っていない色で染めると、下品な印象になりかねないので、似合う色を知ることが大切です。

これも、4シーズンのタイプ別にわけることができます。

＊春タイプ→黄みの強い明るいブラウン

＊夏タイプ→ローズブラウン、やさしい黒

＊秋タイプ↓あたたかくて深みのあるブラウン
＊冬タイプ↓青みを帯びた黒、黄みのないココアブラウン

もし、これらの色の名前を美容師に伝えても、理解してもらえないようなときは、髪の色は**黄みが強いからウォーム系の色、青みが強いからクール系の色と伝えてみましょう。**

最近は、色のプロであるヘアカラリストがいる美容院もありますので、探してみるのもおすすめです。

自分で染めるときは、市販の商品は、ココアブラウン、アッシュブラウンなど、色のバリエーションがたくさんあるので、しっかり吟味して似合う色を見つけるようにしてください。

最近気になるのは、まるで外国人のブロンドのように、明るいベージュ色に染めた人です。これは、特に若い世代に流行っているようですが、大人が真似

してしまうのは、要注意です。

大人世代は、ヘアカラーで遊びすぎるのは禁物。あくまでも地毛に近い色で、控えめにするほうが若々しく見えます。

メイクカラー

メイクアップにおいても、似合う色の効果は絶大です。

似合う色のコスメを使えば、確実に魅力をアップすることができます。

この場合も、春夏秋冬の4シーズンで、似合うコスメのカラーはそれぞれ変わってきます。

コスメは、ラメ入りかマット、ゴールド系かシルバー系など、似合う色の分類と同じように、タイプがわかれているので、自分のタイプを知っておくとえらびやすいと思います。

大人世代になると、シミ、シワ、たるみなど、メイクでカバーしたいものが増えてきます。間違った色をえらんでしまうと、そういったマイナス部分を悪目立ちさせてしまうので、気を付けたいものです。

たとえば春タイプや秋タイプの人が、白く発色するようなアイシャドウをつけると、とたんに老けて見えてしまうこともあります。

しかし、大人のメイクは、むしろハズすぐらいが、素敵。

クールタイプの人が、ウォームタイプの色であるブラウンをアイシャドウに少々使って深みを出してみるのもいいかもしれません。

そういったチャレンジも、大人世代なら、必要だと思います。

大人のメイクは、自分に似合う色が7割で、あとの3割は、もっと自由にほかのタイプの色も取り入れて、ミックスしてみる。

そうすることで、お決まりのメイクからも卒業して、自分らしいメイクが楽しめるかもしれません。

最後に、色のプロである私が愛用し、みなさんにもおすすめしたい、「色がよりハマる」コスメを紹介しましょう。

＊イヴ・サンローランの「ルージュ ヴォリュプテ シャイン 15」

グロスのようなツヤでふっくら唇をアピールできる、新感覚のリップです。なかでもフレッシュなオレンジ系の15番は、どんな色の服にもマッチしてくれる万能カラー。一番人気のカラーというのもうなずけます。ウォームタイプ、クールタイプ、どちらにもハマります。

＊イヴ・サンローランの「ラディアント タッチ」

ロングセラーを続けるハイライター。目元や口元などに使うと、ひと筆で明るさや透明感を出してくれる優れもの。シミ、クマなどのカバー、メイクの下地としても使えて、本当に重宝しています。ファンデーションがなくても、この一本があれば、ちょっとした化粧直しも可能。カラーは6色揃い、自分の肌色に合ったものが選べるのも大きな魅力です。

＊コスメデコルテの「AQ MW グラデーション アイシャドウ 53」

しっとりと肌に溶け込み、ハリ、立体感も叶えるアイシャドウ。ツヤがとてもきれいに出るので、大人肌にはうれしい一品。この53番のカラーパレットは、ウォームタイプの人によく似合うブラウン系ですが、クールタイプの私の肌にも似合うのでお気に入り。ウォームとクールのどちらのタイプにもおすすめできる、ありそうでない秀逸カラーです。

＊資生堂 クレ・ド・ポー ボーテの「レオスールデクラ 11」

似合う色がさらにハマる、魔法のフェイスカラーです。光が肌に溶け込むような、極上の輝きをプラスしてくれます。

＊メイクアップフォーエバーのブラシ「パウダーカブキ 124」
毛が密集したドーム型のブラシで、ムラなく均一につき、軽い仕上がりです。とても使いやすいので、ほかのものが使えなくなってしまうほど。コンパクトなので、ポーチに入れていつも携帯しています。

ネイルカラー

手先は、年齢が出やすいところ。大人の女性こそ、ネイルカラーで手元をきれいに整えておくことは、一つのマナーかもしれません。

面倒くさいから、このところかまっていなかったという人も、ぜひともネイルカラーの効果を知ってください。

服に鮮やかな色を取り入れることに抵抗があるという大人世代は、まずはネイルで色を取り入れて練習してみてはいかがでしょうか？

ネイルカラーは各ブランド、かなりのバリエーションが揃っていますし、顔にのせるコスメと違って、ブルー系やグリーン系などや、派手な色も試せるので、おすすめです。

それに、**ツヤを失ってきた手先に華やかな色のアクセントがつくことで、ぐっと印象が明るくなり、女らしい色気を醸し出すことができます。**

タイプ別に似合う、大人のネイルカラーは、以下の通りです。

＊春タイプ→ピーチピンク、ゴールドラメ、ライトアクア、ポピーレッド

＊夏タイプ→ココアブラウン、ブルーグレー、ラズベリー、ラベンダーグレー、ローズピンク、ミントグリーン

＊秋タイプ→サーモンピンク、トマトレッド、ピンクベージュ、ジェードグリーン

＊冬タイプ→青、赤、グレー、アイスカラー、ネイビー、シルバーラメ、マゼンタ、ホワイト

Chapter 3

もっと色を味方につけるために

流行色にリズムを崩されてはならない

毎シーズン、世間をにぎわすトレンド。なかでも色のトレンドは、手軽に取り入れられるうえに、新しさを楽しめるので、目が離せないという人も多いかと思います。

洋服に限らず、トレンドというものがなければ、社会全体の動きに変化がなくなり、平凡な流れになっていき、刺激も少なく、活気も衰えるでしょう。それくらい「トレンド＝傾向、流行」というものは、私たちが毎日の生活を楽しむために必要不可欠な嗜好品のようなものです。

とはいっても、勘違いしてはいけません。トレンドに合わせて、すべてを毎回入れ替えるというのは少し違います。

トレンドは、あくまでも私たちが時代の流れを摑んでいくための目印のようなもの。

ただ、近年は、そのトレンドの影響力が強すぎて、それに振り回されている人が多いように感じます。

色のトレンドは、自分さえブレていなければ、決して惑わされることがありません。

自分に似合う色、自分の好きな色、自分が必要としている色などを理解しているか否かでトレンドとの付き合い方は変わってくるのではないでしょうか？

私は、新しいトレンドがやってくるたびにこんな風に考えます。

「突然やってきた新参者」
「突然やってきた竜巻」

こういった新参者を心地よく受け入れるか、突然やってきた竜巻に巻き込まれてしまうのか。

これはすべて気持ち次第。

ですから、**突然の竜巻に巻き込まれて、自分のリズムを崩されないようにするために、自分の色というものをしっかり把握しておくことが大切なのです。**

大切なのは、トレンドに振り回されるのではなく、トレンドを自分から動かすといった感覚を身につけること。

そのためにも、日ごろからアンテナを張り、街を歩いては目新しいものを探したり、時々新しいものにチャレンジしたりしていく必要があります。

失敗をおそれたり、「年齢的に合わないのでは？」など、心配ばかりしていても何も変わりません。

もし、自分らしいセンスのある生き方をしてみたいと思うなら、挑戦する気持ちをいつまでも持ち続けてほしいのです。

バラ色の人生を得るには、トライ・アンド・エラーです。

「その色きれいね」と言われたらそれは失敗かも？

ある日、あなたが着ているシャツに対して、

「その色きれいね」

と、友人や職場の同僚などに言われたとします。

思わず、「ありがとう」などと言ってうれしい気分になりますが、実はこの言葉、決して褒め言葉ではないのです。

「その色きれいね」は、つまり、シャツの色が悪目立ちしていて、あなたに似合っていない、なじんでいない、という可能性も。

なぜなら似合う色を着ているときは、その色が目立ちすぎることは絶対にありません。

着ている人になじんでいるので、色だけが浮いているようには見えないので

す。

もし、**あなたが、本当に似合う色をうまく着こなしていたとしたら、「今日は素敵ね」と言われるはずです。**

あなたを見た人は、すれ違ったあと、何色のシャツを着ていたか思い出せないけれど、ただ何となく、「醸し出すムードが素敵だったな」と感じたはずです。

似合う色は、なじむ色。

あなたの全体の雰囲気を底上げする色、あなたの空気感を色付けしてくれる色なのです。

似合う色でも「貧相」に見える素材に注意

以前は、手軽なファストファッションのアイテムもおしゃれに着こなせていたのに、大人世代になると、なぜか貧相に見えてしまうことはありませんか？

それが「似合う色」だったとしても。

それは、少し安っぽい素材感に原因があるかもしれません。

肌が若々しい10代、20代なら着こなせるかもしれませんし、大人でも肌がきれいな人なら、しっくりなじむかもしれません。

しかし、さすがに30代後半になると、いくら似合う色でも、安っぽい素材をえらぶと、一瞬で貧相に見えてしまうので、注意が必要です。

大事なのは、素材の「ツヤ感」です。

たとえば、光沢のある織りの素材や、シルク素材など。

どこかツヤを感じさせるものなら、大人の肌をきれいに見せてくれるはずです。

もちろんそのためには、ある程度の投資も必要になるかもしれませんが、根気よく探せば、ファストファッションなどでもツヤ感のある、掘り出し物が見つかる場合もあります。

また、私自身も感じていることですが、大人になると、安っぽい服を毎日とっかえひっかえするような、たくさんの量の洋服はいらないのではないでしょうか。

洋服がたくさんあっても、たった数回しか着なかったり、貧相なものだったりするぐらいなら、毎日のように着用してもいいぐらいの、ツヤ感のある、厳選したものが数枚あればいいのです。

大人になれば、自分に自信が持てるような服を、ひとつひとつ、大事にまとっていきたいものです。

似合う色と「ハリ感」は最強コンビ

20代、30代前半と違って、すこし身体の輪郭がぼんやりしてくる大人世代にとって、その体型をカバーしてくれるのは、色とともに、メリハリだと思うのです。

そのメリハリを演出してくれるのは、「ハリ感」です。

いわゆる「とろみ素材」は、肉感を拾ってしまうので、少しふっくら体型が気になる人は、野暮ったく見えたり、むくんで見えたりします。

一方、すこし厚手の「ハリ感」のあるものは、輪郭をきりっと見せることができるので、すっきり効果も絶大です。

ハリ感は、パリッとシャープな直線ラインを強調するので、体型をうまくカモフラージュしてくれるのです。

似合う色と、ハリ感の組み合わせは、大人世代の最強コンビです。

たとえば、マッキントッシュのコットンのコートのような、シャキッとしたハリ感のあるものや、素材がしっかりした立体的なデザインのもの。肉感を拾わない少し厚手素材のほうが、その効果は高いといえます。

一方、「ハリ感」とは対照的な、ふわっと柔らかい印象を与えるシルクやシフォンのブラウス。大人の女性には欠かせない一枚といえますが、ちょっと注意が必要です。

これらの繊細な素材は、女性らしさを表すのには申し分のない素材ですが、誰にでも似合うという方程式は成立しないのです。骨格が細い人なら、形によってはしっくりきますが、身体が丸みを帯びてくる40代以降は、実のところ難しい素材といえます。薄手の柔らかいシフォン、ドレープの出るような「とろみ素材」などは、大人世代が着ると、肉感がリアルに出てしまうのです。

どうしても、とろみ素材をえらぶなら、シルク素材などラグジュアリーなツヤ感のあるものが、大人が仲良くしたい素材ではあります。

大人のまつエク・カラコンはマイナス効果

「美魔女」と呼ばれる、妙に若く見える大人の女性の外見に違和感を覚える、という話をよく聞きます。その理由は、「どこか不自然」という印象を受けることがあげられるでしょう。

そんな「不自然」の原因をひも解いていくと、彼女たちが愛用しがちなアイテム、まつエク（まつ毛のエクステンション）やカラコン（カラーコンタクトレンズ）が頭に浮かびます。

お話ししたように、似合う色とは、あなたの瞳の色や、髪（ここではまつ毛）などの色となじむ色。

人工の色みをプラスすると何が起こるか、想像できますね。

元々まつ毛が短くて悩んでいた人なら、エクステは、とてもうれしい存在だと思います。確かにボリュームがあると、目ヂカラが出て、かわいく見えるものです。

ただエクステは、色はえらべないので、その分量に気を付ける必要があります。

たっぷりのボリュームでアピールするのではなく、あくまで補強するという感覚で取り入れるといいでしょう。

目ヂカラも大事ですが、**エクステで目の印象を強めすぎて、本来の色がつぶれてしまうのは実にもったいないことです。**

また、近ごろの若い世代には常識となっている、カラコンやサークルレンズ（瞳を大きく見せるコンタクトレンズ）も同様です。

私はかつて、自分に似合う色のカラコンを買ってつけてみたことがありますが、やはり似合う色であっても、かなりの違和感を覚えました。

瞳の色は、あなたの見た目の印象を決める、大切な要素のひとつです。そこを違和感のある色で覆ってしまうわけですから、全体のバランスも当然崩れてきます。

まつエクやカラコンは、ずっと頼りきりになってしまうと、どこかアンバランスさが漂ってしまいます。

30代後半になると、「これはちょっと不自然では?」ということを自分でも感じるようになってくるはず。

もっと美しくなりたい、と思うなら、仮面をつくらず、素の状態のままを受け入れることから始めてください。

「白」を1週間着てリセット、色の断捨離をしよう

パーソナルカラーは、基本的に年齢を重ねても変わることはありません。ですが、さまざまな人生経験による内面的な変化というのは、大いにあると思います。

それは、若い世代にはない余裕だったり、貫禄だったり……。何か、その人らしさの「色」のようなものがついてくるからです。

つまりそれは、その人の「個性」というものではないでしょうか。

パーソナルカラー診断による「似合う色」は、内面の変化に応じて、変わってきている場合があるのです。

ですから大人世代は、今ここで、新たなスタートを切ると思ってください。心身ともに大人になった自分を認めてあげて、今の自分、そしてこれからの自分に「似合う色」を探していく。

そんな新しいスタートを切るための秘策があります。

それは、**1週間、ずっと白の服を着て、自分自身の「色」をリセットすることです。**

いわば、「色の断食」、「色の断捨離」といったところでしょうか。

大人になると、長い人生のなかで、いろんな意味で「色」がついてきています。それはいいものもあれば、もう不要なものもあるはず。

そういった、ごちゃごちゃとした「色」をいったん排除して、まっさらな自分になってみるのです。

それは、本当に自分にとって大事なものを知るために、まずやっておかなければいけないこと。

いわば「浄化」ともいえる、ゼロに戻るためのリセットです。

大人世代の「似合う色」探しは、まずはここから始めてみてください。

店で色を見るときの注意

自分に似合う「色えらび」がある程度わかり始めたら、次は、似合う色を見つける、お買いものです。似合う色を見極めるためには、店でのチェックにもぬかりがないようにしてください。

意外と多いのが、何度もじっくり考えて買ったはずなのに、家に帰って着てみたら、「なんか違っていた」というエラー。

そんな失敗を二度と起こさないためにも、大人世代のショッピングにおけるチェックポイントをお話しします。

照明の暗い店では買わない

正しい「色」をえらぶために、店えらびで最も重要となるのが、「光」。

この光とは、自然光（太陽光）のことで、照明などの光ではありません。ですから自然光が入る、窓が多かったり大きかったりする路面店が理想です。

通りに面した路面店でも、場所によっては暗いところもあるので、自然光がきれいに入る店を探してみてください。

また、店の外に出て、直に自然光でチェックできればベストですが、商品を無断で外に持ち出してはいけないので、気を付けてください。

「店内の照明の光ではわかりづらいので、外の光でチェックさせてください」と店員に断ってから確認するようにしましょう。

白熱灯やＬＥＤ電球などは、青みがかって見えることもあり、電球の種類によって色の見え方もずれてくるので、店内の光で、うまく判断ができなかったときは、「自然光でチェックする」ようにしましょう。

もうひとつ大切なのは、時間帯。自然光で見るためには、お昼ごろに店に行くのが最適といえます。

明るい「光」で「色」を見る。

こうしたちょっとした意識によって、「家に帰って着てみたら、色が違っていた！」なんてこともなくなるでしょう。

試着は3ヵ所の鏡でチェック

買いものの際は、必ず試着をしましょう。

そのときに忘れてはならないのは、鏡でのチェック。

私は、広いショップなら、試着室の中の鏡も入れると、全部で3ヵ所の鏡でチェックするようにしています。

試着の際は、以下のポイントをチェックするようにしてみましょう。

試着のチェックポイント

①色チェック。光の加減で見え方が変わるので、店内の複数の鏡で見極める。
②自分の姿を第三者目線でチェック。試着室だと狭いけれど、外の鏡であれ

ば、全体の雰囲気をチェックすることができる。「自分に合っているイメージか？」などを確認。店員の意見も聞いてみるのもよし。
③後ろ姿、横、斜めなど、細かい部分までサイズ感をチェック。案外見落としがちな後ろ姿は特に肝心。
④コーディネートの幅を考える。家に帰ってからどの服と組み合わせるかを考えるのではなく、試着室で考えてみる。むしろ、試着室で思い浮かばないものは、買わないように！

洋服に一生ものなんてない。人は変化していくもの

お客様に似合う服を一緒にえらぶ、「お買いもの同行」の仕事をするときに、お客様がよくおっしゃる言葉があります。

「何年も着られるものをえらんでください」

実はこのご依頼、私の特技です。お客様それぞれに合ったお洋服で、なおかつできるだけ長く着られるものを見つけてご提案するというのが私の仕事ですから。

トレンドのもので似合うものを見つけてお客様にご提案するのでしたら、正直あっという間に終わります。ですがそれではお客様に申し訳ないと思っています。

洋服はお客様と一緒に過ごしていく大切な存在です。できればずっと一緒にいたいものですが、洋服にも寿命がありますから、ずっと、永遠に、というわ

けにはいきません。

だからこそ、一緒にいる間は、できるだけ長く、お互いに楽しい時間が過ごせたら、と思うのです。買ったのにタグはつけっぱなしで、そのうちサヨナラ！　なんて言語道断！

洋服にも心があると思ってもらえたら、いいのかもしれません。

ここで誤解が生じてはいけませんのでご説明いたします。

みなさんのおっしゃる「何年も着られるもの」というのは、おそらくトレンドに振り回されていないもの、という意味だと思います。

もし「長持ちする」という意味をさしているなら、もともと素材のいいものを買って丁寧に扱ってさえいれば、かなりの年月着ることができます。

でもみなさんがおっしゃる「何年も着られる」というのはもっと欲張りなのです。

「素材はもちろん、どんなトレンドがこようと使えるもの。それでいて無難にならないもの」なのです。

さきほど述べたとおり、私はこうしたものを見つけるのが得意です。

ですが、こうした服を何年も着ていくことは、実は洋服の力だけでは成立しないのです。

まず体型がキープできているかどうか？　肌の状態は、買ったときのままか？　など。

「人は変化していく」という問題があります。

35歳のときに買った服を40歳で同じように着られるかどうか？　という問題です。

さらには、気持ちの問題です。35歳は若かったけれど、40歳なんてもうオバサンよ！　なんて思ってしまったら、どうでしょうか。

太っていくことも、体型が崩れていくことも、オバサン思考になっていくことも、全部洋服に責任はありません。

つまりずっと着られる服を本当に手にしたいのであれば、毎日自分のことを観察し、よく知ることです。そのうえで愛せる服と出会ってもらえたら、と思います。

今自分が輝いているそのときに出会えた服は、きっと最高の友だちになることでしょう。もし友だちが大切なら、友だちを大切にできる自分でいなくてはなりません。

もし今はまだ輝けていないと思っている方がいれば、これから輝ける自分と出会えるように気持ちを整理しなくてはなりません。長くお付き合いできて自分も輝ける。これは欲張りさんの発言です。

今、自分はどうしたいのか？　1年後の自分のことを心配する前に今の自分をもっと大事に考えてみてください。

それは、洋服えらびについても、色えらびについても、同じことなのです。

色のプロに頼ってもいい

最近は、パーソナルカラーの知名度も上がり、コンサルティングを提供するサロンも増えてきたようです。

大人世代の方なら、長年、自分が「似合う」と思い込んでいる色にズレがないか、確認する意味で試してみる価値はあると思います。

それはいわば、「色の矯正」です。

では、カラーコンサルティングとはいったいどういうことをしているのか？

私の場合は、一般的な色診断だけでなく、五感を重視したメソッドで行っています。

一般的なカラーコンサルティングは、色に対する感性を論理的に説明しますが、私のアプローチは、それに加えて、その方の生き様をヒアリングして、その人らしさを色で表現できるようにしていきます。

さまざまな色の布を使って似合う色を見極める、いわゆるドレープ診断もしますが、それよりも「似合う色」「好きな色」「戦略カラー」(37ページ参照)の3つのポイントで見ていって、最終的にその方に合った「自分色」を見つけるという方法です。

たとえばピンクが似合うとしても、その方に似合うのはどんなピンクか、かなりこまかく見ていきます。

そのためには、お客様の心を開放していただくことが必要となります。

そうしてコンサルティングしていくと、1回目でたいていのお客様は納得して帰られます。

2回目以降はお伝えする内容がストンと入っていくようで、効果がはっきりと表れてくるようです。

ドレープ診断などで、ただ似合う色の結果を与えてもらうのと、自分を見つめ直して、コンサルタントと一緒に自分に似合う色を知るのとでは、その後どれだけ続けられるかに差が出ます。

せっかくお金を払ってカラーコンサルティングをしてもらっても、継続できないようでは実にもったいないことです。

私は、そういったことが極力ないよう、「自分色」えらびを楽しく続けることができるように、少しでもお手伝いしていきたいと思うのです。

ですから、私のサロンには、自分自身と真剣に向き合える方に来てほしいと思っています。

自分で解決することができなかった場合は、ちょっとしたヒントをもらうために、プロに頼ることも、大人ならではの賢い選択。

少し高いお金を払ったとしても、いつまでも間違った色えらびをして失敗を繰り返すよりは、長い目で見れば、高い出費ではないと思います。

「似合う色」の見直し周期は40代になったら年に一度

かつてパーソナルカラーとは、「一度診《み》てもらえば一生変わりません」というのが売りでした。

ですが、変わらないといえども、みなさん年を重ねることで、いろんなことが変わってきていることと思います。

年齢とともに、「自分色」を構成する3つの色、「似合う色」「好きな色」「戦略カラー」のどれかが、変わってきているのです。

なかでも「好きな色」は、「心の色」ですから、かなり変わっている可能性だってあります。

ですので、一度診断を受けたことがあっても、今、何かの分岐点に立っていると感じた人は、ぜひ再診断をおすすめします。

できれば人間ドックと同じように、40代になったら、年に一度はチェックを重ね、3つの「自分色」のバランスを整えていくのがいいと思います。

ただでさえ大人世代というのは、女性ホルモンの影響で心が乱れやすいので、自分を見つめ直すことが大切です。

私は月1回、骨盤のズレを直すためにカイロプラクティックに通っているのですが、色も同じことです。

「3つの『自分色』矯正」とでもいいましょうか。

姿勢が悪くなったりして骨盤がゆがむように、心が悲しんだり、驚いたりするたびに、「自分色」も少しずつ変化していくということを知ってほしいと思います。

診断結果に依存しすぎない

パーソナルカラー診断はとっても便利なシステムですが、あまり頼りすぎると、自分の頭で考えることができなくなるおそれもあります。

似合う色を見極めることは抜群に鍛えられ、洋服を探すのも得意になります。ですが、ちょっと色みをずらしたり、ちょっと違うグループの色を差し色に加えてみたりといったことがまったくできなくなってしまうのです。

それでは、その先にもっといろんな可能性があるのに、成長を止めてしまうようなものです。

自分に似合う色を知って、それに慣れてきたら、次の段階として、他の色でも「遊ぶ」ということを楽しんでください。

それこそが、大人の余裕です。

こうした色への意識は、人間関係にも繋がるものがあります。

「自分はこういうタイプしか受け付けない！」

「あのタイプは絶対に無理！」

といったように、話もしないうちから狭い視野で最初から決めつけてしまうと、すべてを拒否して、わかることもわからずに終わってしまいます。

「自分とは違う」と思う存在ほど、わかり合えたときにより強い絆が生まれる場合もあります。


大人世代なら、診断結果に依存することなく、もっと、余裕をもって、好奇心も働かせてください。

ある程度の自分の軸というものが確立されていれば、どんな枝が生えてこようと、その先に、新しい実を見てみたくなるはずです。

筋肉がつくと、色はもっとハマる

大人世代のこわいところは、

「放っておくと身体はみるみる崩れていく」

ということ。

肌トラブルはもちろん、髪まで元気がなくなり、身体もゆがんできます。これでは、似合う色の服でおしゃれをしても、ちっともきれいに魅せることができません。

大人世代は、土台をしっかり固めていかなければ、どんないい服を着ても、素敵にはなれない。

これが、この年代に課せられた試練です。

まずは、このことを肝に銘じてください。

そして、自分と向き合い、自分の土台をしっかり磨き直していきましょう。

「もう手遅れだわ、私なんて……」と思った人も、大丈夫。今この瞬間からです。

今、もし「変わりたい！」そう思えたのなら、もう変化は始まっています。

大人になると代謝が落ちるので、身体を鍛えることなくして、体型を維持することは叶いません。

私も、数年前から筋トレや骨格矯正に励んでいます。骨格のゆがみなども、身体を鍛えることで、ずいぶん改善してきました。

筋トレはハマりやすいものですが、ストイックになりすぎてもいけないので、体脂肪率は、20〜25%をキープするように心がけています。

洋服を美しく着こなすには、しなやかな筋肉は、とても重要。

つまり、ある程度の筋肉がないと、カッコよく見えないのです。

40歳を過ぎると、背中まわりにも肉がついてきます。

私は、「いつでも脱げる背中」でいたいので、マシンなどを使って、背中に効くトレーニングにも力を入れたり、自宅でもストレッチをしています。肩甲骨がきれいに出ると、おしゃれをしたときにも、着映えがまったく違ってくるもの。女性らしく、きれいなラインをアピールしてくれるのです。

年を重ねても、色がハマっていて、おしゃれな方はたくさんいらっしゃいます。そんな女性たちは、決まって姿勢が良かったり、歩き方が美しかったりします。

きっと、日ごろから、身体を鍛えているのだと思います。

美しい姿勢、美しい歩き方も、ぜひ意識してみましょう。

色がもっとハマるようになるはずです。

Chapter 4

もっと色がうまくなるQ&A

Q 「色のズレ」に気づく方法はある？

A 以前「褒められた服」を着て、鏡の前で笑ってみてください。ほうれい線がくっきり見えたらズレの始まりです。

今、家にある一番古い服を取り出してきてください。次にそれを着て、全身鏡の前に立ってみてください。さて、どうでしょうか。自分の姿は昔と変わらずに映っているでしょうか。

1年くらいだとわかりづらいのですが、3～5年といった期間を経て自分を客観視すると、明らかに以前と色が変わってきていることに気づきます。

全体に肌の色が暗くなっていたり、髪のツヤが前よりなくなっていたり、ちょっとした色の変化を見つけることができます。

人から褒められた服はとってある、という人もいるかもしれません。そういう方は、その服を着て鏡の前で笑ってみてください。

ほうれい線がくっきり見えたり、昔より肌がくすんで見えたり、少しでも以前と何かが違うと違和感を覚えたら、それは、あなたの色の変化と顔まわりの筋肉の衰えが影響しているのかもしれません。

色素の変化を感じ、筋力の低下をチェックする。まずはこれをやってみてください。

以前は、その服を着ると、パッと素敵に見えていたのに、今はそう思えない、と感じたら、その服の色と自分の外見の色がズレてきた証拠です。

Q

「似合う色」に飽きてきた。

A

飽きるのはよくあること。でも「似合わない色」を着たときのマイナス効果を思い出してみて。

「似合う色」を知ってしばらくは、「素敵！」「顔が明るく見える！」といった風に、「自分色」をこよなく愛せます。

「なんて自分を若々しく活き活きと見せてくれるんだろう、まるで魔法だ！」くらいに思う人もいるでしょう。

それくらい自分に「似合う色」、パーソナルカラーというのは、あなたの人生を変えてくれるものです。

ただ、似合う色を知って、そんな風に思えた人たちも、慣れてしまったり、飽きてしまったり、心がブレてきてしまったりすることで、気持ちが薄れてきてしまう場合があります。

そうなってしまう理由は、「似合うのはわかるけれど、なじみすぎて単調なのでは？」と解釈してしまうこと。

たしかに、パーソナルカラーを長年愛用していると、似合っているのはわかるけれど、色を制限されてどこか面白みがない、つまらない、と思ってしまう方も少なくはありません。

そんな、似合う色も慣れ親しんでくると、ちょっと邪魔になったりする気持ちは、わからないでもありません。

実際私自身も「パーソナルカラーって知らないほうが良かった」と思ったことがあります。色を絞ってしまうことで、着られる服も減ってしまうわけですから……。ですが、冷静になってみるとわかります。似合う色を知ってからの自分が、どれだけ幸せだったか、どれだけ変わったか。

迷いが生じたときは、**そもそも自分がなぜパーソナルカラーを知ろうと思ったのか、きっかけを思い出し、原点に戻ってみてほしいのです。**今よりもっと、素敵な自分になりたい、とポジティブに感じたからではないでしょうか。

もし「似合う色」に飽きてきたら、「似合わない色」を着たときの自分がどうなるか？　49ページで紹介したマイナス効果をイメージしてみましょう。

もう一つ考えてほしいのが、今の自分の心の状態です。

他の色のほうがよく見える理由をパーソナルカラーのせいにしているだけ、ということがよくあります。

心が乱れているせいで、似合うものも似合うと思えないのです。

たとえば、**1ヵ月前までいいと思っていた色が、今朝は「なにこれ？」となる。これは明らかに心の状態が影響しています。**

疲労が重なり、本当に顔色が悪いこともあるかもしれません。

でも、似合う色をえらばない理由がどこにあるのか、心の状態を観察してみれば、答えは見つかるかもしれません。

Q おしゃれに見える色数の法則はある?

A 法則はありません。

この質問はよくありますが、私からの答えはありません。

というのも、最低何色《なんしょく》か? となぜ決めつけようとしてしまうのでしょうか。何色あれば無難とか、何色までなら派手にならないとか、どうして周囲からの見え方のことばかり考えてしまうのでしょうか。

この質問をする方というのは、色に挑戦したくても、どの色をどれくらい使ったらバランスがとれるかという懸念ばかりが先に立ってしまい、チャレンジする前に、自分で止めてしまっている気がします。

こうした方の服装を見ていると、大抵2色。多くても3色でまとめています。私からすると、もっと明るくきれいな色が似合うのに、なぜいつも落ち着いたモノトーンしか着ないのだろうなどと思ってしまいます。

何色あれば十分かを知りたければ、方法は簡単。可能な限り、何色も取り入れ、着てみることです。

「失敗しそう」などと心配しないで、まずはいろんな色を一つのコーディネートに取り入れてみてください。

もし難しいというのであれば、5色使用している柄の服をえらんでみるといいでしょう。

その際、その5色の中の1色を靴に持ってくれば、全身バランスがとれるので、これで、最低でも5色は使えたことになります。

もし6色にしてみたければ、柄の中の1色の色を1トーン明るくするか、暗くするかした色を靴やタイツに持ってくれば、これでさらに色が増えます。

何色ならいいの？　という考えは、一度頭から取り除いてしまいましょう。

Q

「くすんだ色」や「暗い色」をえらんでしまう。

A

精神的に中途半端な状態。人生の迷路に迷い込んでいませんか？


くすんだ色というと、どんな色を思い浮かべますか？

どんよりとしたどこか曇り空のような色が頭に浮かぶかと思います。

さて、こうしたくすみのある暗い色も、トレンドとしてあがってくることが多々あります。

そんな色に心が奪われてしまうときがあります。なぜか心が落ち着く。袖を通すとそれがもっと身にしみる。試着室の鏡の前で、どこかほっとしてしまう自分と遭遇したことがある、という方も多いと思います。

しかし、これ、ちょっと待った！　です。

くすんだ色を積極的にえらぶときというのは、なにかしら中途半端な心の状態のときが多いもの。

たとえば、仕事がスッキリしていないとき、家庭がうまくいっていないときや、健康を害しているとき……。

表には見えない心の様が、きちんと定位置に定まらず、ふらついているときに、こうしたエラーが見られます。

また年齢的に中途半端なときにも起きます。中途半端な年齢……これは個人差がありますが、女性でいうのであれば、30代後半から50代の手前。

このあたりの年代というのは、人生において歩んでいくステージを決断するタイミングだったり、体力的にもガクンと落ちていくときだったりと、何かとストレスがたまりやすい時期。

まさに大人世代は楽しいようで、どこか迷いもあったり、悩みもつきない情緒不安定な時期ともいえます。

親が病気をしたり、自分も体調不良になったり、仕事もポジションが変わったり、子供の教育で悩んだり、出産を諦めたり、結婚を見送ったり、自分の体型が崩れたり……。

悩みがつきないこうした時期というのは、色もコレ！　と決められなかったりします。

するとつい、白でもなく黒でもないグレーに走ったり、海の底の色のような、くすんだ暗い色を好んでみたりし始めます。

ふとしたときに、いつもよりどんよりした色をえらんでいる自分がいたら、そのことに気づいてあげてください。

誰かのひとことで気づくかもしれません。自分よりも周りの人のほうが、あなたのことをよく見ているものです。

「最近ダーク系が多いね？」

こう言われた人は、もしかしたら今、まさに人生の迷路に迷い込んでしまっているかもしれません。

今すぐクローゼットを見直してみてください。

最後に、少しこわい話をします。

「黒が似合うね」と言われてから、ずっと黒の服ばかり着ていたという、あるお客様がいます。

黒中心の生活になってからは、どんどん体調が悪化してしまったといいます。そこで、私のパーソナルカラー診断を受けて、黒が苦手な色だということが判明しました。

長年の黒習慣から卒業し、似合う鮮やかな色を着るようになってからは、体調も改善され、すっかり元気になられました。

黒などダーク系の色には、なにか人の心を操る魔性の力が宿っているのかもしれません。くれぐれも、ご用心を。

Q

そうはいっても黒やグレーは気分が落ち着くし、おしゃれに見える気がする。

A

繰り返します。黒が似合う人は限られています。

ここで今一度考えてみてください。なぜ、黒やグレーが落ち着くのでしょうか？　好きな色だからですか？　無難だからですか？　それとも何となく格好良く見えるからですか？

昔と違って今はこれでもか、というくらい、きれいな色の服や小物が溢れています。

私は比較的珍しい色が似合うほうだったので、日本でそうした色を見つけるのが難しく、海外に行ったときにまとめて買ったり、日本でもいろんなセレクトショップに通い詰めたりしたものです。

それくらい昔は色が限られていました。

ですが今はどうでしょう。きれいな色を手軽に手に入れることができるようになっています。

日本はファッションについても最先端をいっている国と海外からは思われていますが、全体で見ると黒やグレーといった無彩色の色を基本として、自ら色幅を狭めてしまっているように感じられてなりません。

なかでも一番人生を謳歌してもらいたい30代後半~50代の女性たちが、美しい色をあきらめてしまっては、いつまでたっても色を楽しめる世の中にはなっていきません。

色をあきらめることも、制限することも、とてももったいないこと。

あなたを美しく見せる色であれば、どんどんクローゼットに増やしていってほしい。そう思うのです。

また、自分で勝手にモノトーンをベーシックカラーと決めつけているだけで、もしかしたら、あなたにとってのベーシックカラーは鮮やかなピンク、明るいオレンジかもしれません。

「黒やグレーが似合わないのなら、一体何色が似合うの？」。こうした自分への問いかけこそが、自分らしい色にたどり着けるチャンスだと私は思っています。

きちんと知りたければ、パーソナルカラーを調べてくれるプロに見てもらえば良いですし、本などの簡易的なものでトライしてみるのでも良いでしょう。

大切なのは、自分で自分の色幅を狭めていることに気づけるかどうかです。

Ｑ

バッグはどんな色をえらべばいい？

Ａ

「きれいな色」をえらぶべき。黒などの無難な色は、避けるところからスタートしてみて。

私は、女性にとってバッグは、ペットのような存在だと思っています。いつも一緒にいるようで、カフェに入ればバッグは側に置きますし、オフィスでは、バッグはロッカーに入れることもあるでしょう。

いつも一緒のようで、時々、離れ離れになる。でも、何かが一区切りすると、側にきて一緒に時間を過ごす存在。

私はバッグが好きなので、いろんな色や素材や形のバッグを買いますが、値段に関係なく、「似合う色」を基準にさがします。言葉を交わすかのように、あらゆるシチュエーションを考えながら、えらんでいくのです。

ただ、大人世代なら、上質なバッグも揃えておきたいもの。

スペシャルな場ではなくても、元気を与えてくれるビタミン剤のように、日常のなかで高級ブランドの力を借りたいこともあるでしょう。1個買うにも勇気がいる高級ブランドのバッグは、いつも以上に慎重になります。

19ページで紹介したエピソードのように、高級ブランドのバッグを買うとき、大人の女性が陥りやすい傾向があります。それは「高級品＝無難な色」という方程式を組み立ててしまうところです。10万、20万、30万円と値段が上がれば上がるほど、トレンドのきれいで珍しい色ではなく、黒、グレー、ベージュといった無難な定番色をえらんでしまうのです。

各ブランドが得意な、鮮やかなブルー、レモンイエロー、オレンジ、トマトレッド。個性的な色が陳列棚に並んだ光景はとても美しく、見ているだけで心が躍ります。

ですが、いざ買おうとすると、黒などのベーシックカラーに手がのびてしまうのはなぜでしょう。

これは、**普段からバッグに「色」を付ける、「色」を着せるという発想がないから**です。

高級ブランドバッグをえらぶときこそ定番色というのは、とても残念な現状。私は、**色出しの美しい高級ブランドのものこそ、きれいな色をえらぶべきだと思うのです。**

特に、普段ベーシックな色の服が多い方は、存在感のあるきれいな色のバッグで色を取り入れてみてはいかがでしょうか。

サイズや素材によって色のえらび方も変わってきますが、もし色を取り入れてみたいと思うなら、**まずは黒などの〝無彩色は避ける〟というところからスタート**してもらえたら良いかと思います。

一緒にいる時間の多いペットのような存在にこそ、見ていてワクワクするような「似合う、きれいな色」をえらんでみてほしいのです。

Q

いわゆる「きれいな、鮮やかな色」は悪目立ちして、センスの良し悪しも出そうで手が出ない。

A

黒やグレー、ベージュのほうが、顔色に影響を与えて難しいことを思い出して。

悪目立ちしたと感じるのは、「似合わない、きれいな色」をえらんでしまった結果です。逆に「似合う、きれいな色」なら、あなたを何倍にも輝かせるということを思い出しましょう。自信を持っていいのです。

鮮やかできれいな色を着たい！　という気持ちがあるのなら、まずは何も考えずに着てみましょう。センスがどうこうというのは後の話です。

センスは、ファッションのことだけに限られたものではありません。TPOや、タイミングなどなど、いろんなセンスがあります。

多くの女性たちは、センスという言葉の意味を少し狭めてしまっているように感じます。狭めてしまうことで、自分はセンスがない！　と思ってしまっているようです。

では、鮮やかできれいな色を着たら、なぜセンスの良し悪しに影響が出てしまうのでしょうか。鮮やかできれいな色を着たら、せっかくのタイミングを逃してしまうのでしょうか。心地よい空気感を壊してしまうのでしょうか。

チャレンジする前からこう決めつけてしまうのは、実にもったいないことです。

もちろん目を引く鮮やかな色というのは、使い方を間違えるとその場を乱してしまうくらいの力は持っています。ですが、それが似合う色ならば必ずしも周囲に不快感を与えるとは限りません。

ぜひ、2~3ページで紹介した、いわゆる鮮やかで、きれいな色に、チャレンジしてほしいのです。それらが似合う色なら、あなたにとって、うれしいプラスの印象しか与えないのですから……。

センスの良し悪しが出そうというのであれば、黒やグレーであればセンスの良し悪しは出ないのでしょうか？

みなさんが考えている以上に、白や黒、グレーやベージュといった比較的何にでも合わせやすい色こそ、その人になじむかなじまないかを細かく分析するのはとても難しく、安易なことではありません。

もちろん普段生活をしているうえで、必要以上に細かく分析する必要もありませんし、ざっくりでいい部分もたくさんあります。

しかし、赤やピンク、黄色や緑といったように、目で見てハッキリと違いがわかる色については、やたらと神経質になるのに対し、黒やグレー、ベージュといった色には大雑把なのは、少し違うと思うのです。

むしろ後者の色のほうがとても繊細さが必要で、ほんの少しの色みの違いでも、顔色に影響を与えていることを、ぜひ知ってもらえたらと思います。

Q 美人度がアップするコートの色は？

A タイプ別に似合う色があります。

服のなかでも面積が広く、目立ちやすいコートは、人の印象を大きく左右します。さらに高額ゆえに、色えらびにも慎重になります。

そんなコートの色について私が思うのは、冬になると定番の黒やネイビーのコートを着ている人があまりに多いということ。

コートに限らず黒やネイビーを着ている人は多いけれど、特にコートとなると、毎日のように着るものなので、〝無難〟な色をえらんでしまうのだと思います。

たとえば黒の場合、黒がとても似合う人は冬タイプの人だけなので、似合っていない人が黒いコートを着ている確率が、かなり高いことになります。

コートといえば高価なものですし、せっかく高額なお金を出して買ったのに、イマイチ似合わない色だったら、非常にもったいないこと。それは、ダウンコートやショートコートであっても同様です。

タイプ別に考えれば、もっとあなたをきれいに、そしてリッチな雰囲気に見せてくれる色のコートはあります。

そう、コートこそ、もっと大人の上級な色えらびがマストなのです。

タイプ別　ウール素材のコート

それではまず、冬に着るウールのコートでタイプ別に似合う色をレクチャーしましょう。

数ある色の中から、大人世代に似合う、特徴的な定番色をえらんでみました。

＊春タイプ→チーズ色（黄みの強いベージュ）、明るい茶色
＊夏タイプ→ライトグレー、ブルーグレー
＊秋タイプ→オリーブグリーン、トレンチコートの黄みのある色
＊冬タイプ→黒、チャコールグレー

春タイプなら、沈んで見える黒よりも、黄みの強いベージュや明るい茶色のほうが、ぐっと明るい感じになって、よりキラキラとした印象になります。

黒などを着ると暗く見える夏タイプは、青みのあるライトグレーやブルーグレーでエレガントな雰囲気に演出しましょう。

秋タイプはアースカラーが似合うので、オリーブグリーンのコートでシックに決めるのがおすすめ。また、黄みのある色のトレンチコートなどもぴったりマッチするでしょう。

黒が似合う冬タイプは、黒のコートでもクールに着こなせますが、大人世代

なら、チャコールグレーも素敵。少し青みや紫っぽさを感じるものなら、ぐっと洗練された感じになります。

タイプ別　スプリングコート

では、春に着る、薄手素材のコートならどうでしょうか？

ウールコートと違って、軽量のコットンなどの薄手コートなら、色みも軽くすることが大事です。

また、**くすみが気になる大人世代は、赤系やピンク系などの華やかな色を着て、軽快に若々しく演出することもおすすめ。**

＊春タイプ→朱赤、アクアブルー
＊夏タイプ→濃いスモーキーピンク、ダスティピンク
＊秋タイプ→濃いサーモンピンク、淡いグリーン

＊冬タイプ→アイシーピンク、アイシーブルー

春タイプは、赤系のなかでも、少し黄みを感じる、朱赤を選んで。元気な印象だけでなく、大人っぽさも漂います。ほかにも、明るい青がハマります。

夏タイプは、スモーキーな明るい色がおすすめ。スモーキーピンクやダスティピンクなど、少し白やグレーを混ぜたような色だと、スタイリッシュな印象になるでしょう。

秋タイプは、少し濃い色みのサーモンピンク。黄みがあって、少しマットな色調だと、落ち着いた感じに。ほかに、一見夏タイプの色に見える淡いグリーンも似合います。

アイシーな色が決まるのが、冬タイプ。アイシーピンクやアイシーブルーなど、ひんやり感のあるカラーで、シャープな印象に。

Q

服はたくさんあるのにコーディネートがキマらない。

A

今後、買い足すときは、色でえらぶこと。

「はじめに」でもお伝えしたとおり、服はたくさんあるのにコーディネートがキマらない、着ていく服がない、と思うのは、間違った色ばかり、買っているから。

また、人間の頭というのは、新しいことを覚えるために古いことを忘れるようにできているそうです。大事なことを覚えておきたいので、古いデータを処分していくのでしょう。

ということは、毎日のコーディネートを存分に楽しむためには、**頭の中で把握できるくらいの分量に減らしていくことが大事です。**

まずは、自分のクローゼットの中に、どんな形のどんな色の服があるのか、しっかり把握していなくてはいけないのです。

毎朝、迷わずにワクワクして服えらびをするためには、まずはクローゼットやタンスの中身を把握できる量に整理することが、第一。

そして**買い足す服についても、「色」を意識して、何色をどんなものに取り入れるか、お買い物計画も立てるといいと思います。**

クローゼットの服は適度に新調し、毎日でも着たくなるほど自分に似合っている、自分を輝かせてくれる服をえらぶようにしていきましょう。

最後に、最近は「ミニマリスト」や「持たない暮らし」を良しとする風潮がありますが、似合う色まで捨てる必要はありません。あなたを輝かせる色なら、どんどん増やしていいと、私は思います。

Q
いつも同じような色をえらんでしまう。

A
それは、自分が一番輝いて見える色。それを知っていることは、強みになります。

いつも同じような色や形の洋服を着るのは、良くないことでしょうか？　私は、決して悪いことだとは思いません。

もちろん、その色が似合っている場合に限りますが、それは、自分のことをよく理解している証《あかし》だからです。

長年いろいろ挑戦して、失敗もたくさんして、試行錯誤した結果だとしたら、それは素晴らしいことです。

自分で自分を研究し、今ではすっかり同じような色の服をデザイン違いで着回している友人がいますが、いつもパーフェクトに似合っているので、会うたびに「さすがだな」と感心します。

似たような服を着ているようで、実はネイルの色を変えていたり、靴はちゃんとトレンドを押さえたものを履いていたりと、変化を加えながらも、自分なりのおしゃれが確立されているのです。

もしもまだ、自分の輝く色を見つけられていないなら、もっともっといろんな色を試していってください。

自分が輝けるものであれば、いつも同じ色ばかり着ていたっていいと、私は思うのです。

クローゼットの中身は、どれも同じような色で、いつも同じような格好。でもそれが自分らしく、自分をきれいに見せるものであったら、素晴らしいことだと思います。

自分を最高に美しく見せる色を知っていて、そんな色たちを毎日味方につけて、楽しく生きる。

大人世代の女性が最終的に目指したいのは、もしかしたら、そこなのかもしれません。

「自分スタイル」を確立することが、自分を輝かせる最も大切なことなのです。

Q

診断してもらったパーソナルカラーコンサルタントの提示した色が、しっくりこないのですが……。

A

34ページの「ポイント1、2」に戻って、自分自身と向き合う習慣をつくれば、しっくりこない理由に気づくはずです。

初対面の方に、私が色の仕事をしているとお話しをすると、「私って、何色が似合いますか?」と質問されることがあります。

そんなとき私は、「ごめんなさい、今すぐお答えすることは難しいのですよ」とお伝えします。

なぜなら、人から正解を聞いてその通りにやってみても、自分と向き合い自分で見出したものでなければ、いずれまた迷うことになるからです。

正解を手に入れるだけで、自分で考えることをしないでいたら、またわからなくなって、また正解を誰かに聞く……と、同じことの繰り返し。

自分の外見は？　自分はどうなりたいのか？

自分はこうありたいというスタンスを持ってパーソナルカラー診断を受け、受けてからも、頭で考えることを忘れない。自分と向き合う習慣が身につけば、「似合う色」と言われた色は、あなたの味方になることでしょう。

Q
配色センスがないのですが……。

A
世の中の色で学んでみましょう。

「どの色とどの色の相性がいいのか」

「どういう色合わせがおしゃれに見えるのか」

こういった配色のセンスというのは、一朝一夕《いっちょういっせき》にわかるものではありません。なぜわからないのかというと、その答えは、いくつか考えられます。

まず、頭の中に色のサンプル自体が少ないこと。

たとえば「赤」であったら、「赤＝情熱的」といった枠組みだけを記憶し、実際にどんな風に情熱的でどういった色みをしているかといった細かいところまで赤色というものを考えようとしていないのです。

赤には、「進む」の意味もあれば、日本では「止まれ」の意味もあります。リーダーのイメージもあれば、さくらんぼやクランベリーのようなかわいいイメージも。

色のセンスがいい人というのは、いろんな赤のグラデーションを見比べたり、組み合わせたりすることができています。

これは特別な才能があるわけではなく、ただ普段から色を平面だけでなく、立体的に見るような癖がついているのです。

もし、自分が「色」を多角的に見ることができていないと思うなら、少し、色の見方を変えてみましょう。時間を見つけて、色を軸に、モノやコトを見たり考えたりしてみてほしいのです。

きれいな写真集を見たり、美術館に行って絵画鑑賞したり、いろんな国に旅行に行って建築物などを見たり、街でウインドウショッピングをして最新モードの色をチェックしたり……。

こうすることで、いろんなきれいな色のサンプルやおしゃれだと思う配色がインプットされていきます。

まずは、色をしっかり感じ取ることから始めてください。

そして、「いいな」と思った色の組み合わせがあったら、写真に撮っておきましょう。

景色、街並み、カフェや、友だちの服のコーディネートでもいいのです。

サンプルを増やすためにも、「これはいい！」をいっぱい増やしましょう。

Q センスのいい人ってどんな人？

A 日ごろからひとつひとつ小さなことを、見渡す習慣を身につければ、かならずセンスアップできます。

お客様から、「どうすればセンスのいい人になれますか？」という質問をうけることがあります。

そもそもセンスがいい人とはどんな人でしょうか？

私は、内面が充実し、自分自身が見つけ出した〝**独自のスタイルが確立できている人**〟のことだと思っています。

誰かに教えてもらったり、周囲に踊らされたり、トレンドを追いかけて真似したりして作られるものではありません。

自分のライフスタイルから生まれた、自分にしかわからない、さり気ないこ

とに発揮されるのがセンス。

それは、食事のとり方や仕事の進め方かもしれない。人との付き合い方や恋愛の癖かもしれない。洋服の買い方だってそう。

こうした日々のいろんなことを自分なりに研究したり、自覚したりしている人こそ自分スタイルができている、センスのいい人といえます。

ただ自分勝手に我を通しているスタイルは、決して美しいスタイルとはいえません。自分だけが気持ちいい、自分だけが幸せ、という感覚の人には、誰もが心地よく思えるものを生み出すセンスは得られません。

「センスは生まれ持った才能だから、大人になってから身につくものではない」と諦めてしまっている方もきっと多くいらっしゃると思います。

ですが、私はまったくそうは思いません。実際に自分自身がセンスを磨いてきたからです。

また、コツコツ努力を重ね、ゼロからセンスを身につけていったお客様をたくさん見てきました。

ひと言で〝センス〟といってもいろんなセンスがあります。

ファッションだけでなくインテリアやテーブルコーディネート、お店えらび、音楽えらびなど、ライフスタイル全般にわたっています。

そのひとつひとつが一本の軸になり、生き方そのものにセンスを感じるという人もいらっしゃいます。

センスとは、直訳すると「感覚」です。

でも、このセンス＝感覚の良し悪しの判断はなかなか難しいものです。

厳しいことをいえば、センスがいいと思える感覚そのものがあるかないか？というところから見直さなければなりません。

ただし、この良し悪しを判断する感覚は、いくらでも身につけることができるのです。

私たちの感覚というのは、知らず知らずのうちに、より良いものを見極めようとしています。

つまりこの感じ方こそセンスを得るための鍵なのです。

センスがいい人がどういう人かを知ることも大切ですが、同時に、センスがいいと思える力を磨くことのほうがもっともっと大切なのです。

センスがいいもの、センスがいい人というのは、視覚や聴覚、味覚といったひとつひとつの感覚が長《た》けているのではなく、「五感」すべての調和がとれ、それがハーモニーを奏でています。

〝センスいいって言われたい〟

そう思うのであれば、ひとつひとつ小さなことを丁寧に丁寧に、幅広く見渡していく習慣を身につけていくこと。

個人差はあっても、必ず何らかの良し悪しを判断するセンサーが身につくはずです。

日ごろから冷めた目でものごとを見ていると、当然、いいセンスは身につきません。

センスのいい人というのは、どこか情緒的でロマンティスト。やる前に諦めないで、まずは飛び込んでみようとする冒険家。やさしくて相手の気持ちを汲み取れる、思いやりのある人が多いのも特徴かもしれません。

相手の気持ちがわかるからこそ、きれいなものを生み出そう、心地よいものを創り出そうと考えるのかもしれません。

おわりに

色を味方につけるとチャレンジしたくなる

40代になった私ですが、「昨日より、今日の自分がきれい」と心から思えています。

それはきっと、色を味方につけることができたからでしょう。

「今日の自分が一番きれい」と自分で思えたら、女性たちはみな、輝くのだと私は思うのです。

色を味方につけると、自分のスタイルが確立され、内面もキラキラと輝きます。

諦めたり、決めつけたりせず、自信を持って、いつも新しいことに挑戦する。自分のスタイルが確立されている人は、そんな「冒険家」が多いものです。

私自身も、「女の人は、いつだって変われるのだ」ということを実感してから、常に新しいことにチャレンジしています。

女性は、いつだって変わることができるのです。
大事なのは、諦めないこと。冒険を恐れないこと。
色のチカラを味方につけて、冒険の旅に出ましょう！

2016年9月　七江亜紀

七江亜紀（ななえ・あき）

色のひと®。カラーキュレーター®。株式会社ナナラボ代表取締役。それぞれの色が持つ普遍の魅力を組み合わせ、独自の価値基準で、これからの新しい生活価値を提案する、ライフスタイル・クリエーター。企業やビジネスパーソンを対象にカラーコンサルティングを行う。また、多くのメディアにて監修、大学や講習会でも講師を務める。クチコミで広まったサロンLustre（ラスタ）には、全国から多くの女性たちが訪れている。著書に『働く女性のための色とスタイル教室～幸せを呼ぶ外見のつくり方～』『もっと輝く洋服がわかる！ 色とスタイル練習帖』（共に講談社）など多数。
http://lustre.jp　https://www.facebook.com/akinanaeofficial

愛《あい》される色《いろ》　オトナ世代《せだい》の色《いろ》えらび

著者　七江亜紀《ななえあき》

2016年10月6日　第1刷発行

ブックデザイン　こやまたかこ
イラスト　藤原千晶　協力　岡村明子
編集　依田則子

発行者　鈴木 哲
発行所　株式会社講談社
〒112-8001 東京都文京区音羽2-12-21
電話　編集　03-5395-3522　販売　03-5395-4415
業務　03-5395-3615

印刷所　慶昌堂印刷株式会社
製本所　株式会社国宝社

ISBN978-4-06-220291-6　223p　19cm　N.D.C.335